KB102026

문화예술경영 2

예술과
앙트러프러너십

차례
Contents

서문

　예술은 순수성을 지향해야 한다고 말한다. 그러나 우리가 살아가는 오늘은 경제가치가 모든 것을 압도하는 시대이다. 경제에 휩쓸린 우리가 예술가들에게도 이를 강요해야 할지 오히려 묻고 싶다. 조용히 화실에 앉아 창조를 희구하는 예술가들을 존경하기만 할 것인지 아니면 그들에게도 세상과 타협하고 세상을 이길 수 있는 노력을 해야 한다고 역설해야 할지도 묻고 싶다.

　책의 제목을 정하지도 않고 '문화예술 섹터에서 뛰어난 업적을 남긴 인물들의 특징을 분석·연구해보자'라는 단순한 생각에서 처음 펜을 들었다. 서구의 지식과 가치관이 승리를 거둔 지난 500년간 동양은 참으로 많은 것을 빼앗겼고 그들의 가치관에 동조하라는 무언의 압력을 받아왔으며 현재도 받고 있다. 동양은 전통을 지키고자 하나 지키는 모양새만 보일 뿐 의식주 모든 면에서 대부분의 사고방식을 서구에 송두리째 맡긴 채 살아가고 있다. 예술과 문화라는 화두에서도 과연 진정한 우리의 것이 무엇인지 돌아보고자 하지만 이 역시 서구의 것이 대부분이다. 전술한 대로 경제에 휩쓸린 우리 세대가 세계화라는 허울 좋은 서구의 구상과 방식대로 모든 것을 경제에 내던진 채 돈 버는 데만 급급한 나머지 정신세계까지도 잃어버린 듯하다. 그나마 동양의 가치를 지켜낼 수 있는 것은 문화예술밖에 없다. 오히려 경쟁과 효율의 세파에 내몰린 현대에서 그래도 인간적 가치와 감성을 가진 섹터는 문화예술이 아니겠는가. 치열한 경쟁 속에서 각자의 이익만 추구한다면 앞선 포유류로서의 인간은 되겠지만 사람은 되지 못한다. 때문에 무엇이 선善인지, 왜 선을 이루고자 하는지 하는 부분까지 서양이 동양보다 우월하다고는 할 수 없다.

합리주의와 계몽사상에 근거하여 사회질서를 만들어낸 서구의 앞선 사회성은 사실 동양보다 먼저 깨달은 바 있음을 인정한다. 이 점에서 그들이 만들어놓은 그들의 문화예술 틀 속에서 이룩한 업적들 중 우리가 배워서 소화할 수 있는 부분이 있다면 서양의 영향에 대해 부정적으로만 생각할 수는 없다. 따라서 서구 문화예술 분야에서 예술가들과 후원자들이 추구한 바가 어떠한 특징을 가지고 있는지를 살펴봄으로써 우리가 배워야 할 점을 익힌다는 면에서 이 책의 의미를 되새기고자 한다.

앙트러프러너십entrepreneurship, 즉 기업가정신이란 무엇일까? 어려운 환경 속에서 입지전적인 노력과 기회의 포착으로 성공을 이룩한 사람들이 기칠운삼技七運三이었는지 운칠기삼運七技三이었는지는 중요하지 않다. 무엇보다 결과를 중요시하는 시대에 살고 있으니 말이다. 그 결과가 지대한 영향을 보일 때 우리는 그 장본인이 앙트러프러너십으로 무장해 있었을 것이라고 쉬이 말한다. 앙트러프러너십의 출발점은 어디인가. 이것은 다름 아닌 산업혁명 이후 세상이 경쟁 속으로 내몰린 후 등장한 용어이다. 솔직히 말해서 반가운 용어는 아니다. 반갑지가 않다. 사회구조가 그렇게 되어버렸다.

그런데 이러한 경쟁 사회의 현실 속에서 이유 없는 활동을 하는 사람들이 하나둘 생겨났다. 경제 개념을 가지고 보면 이해가 안 되는 그들은 목적은 있으나 이익이 없는 일에 시간과 자금을 투자했다. 그리고 한 가지 더, 열정을……. 이들은 누구인가? 바로 문화예술인들이었다. 그들이 무슨 목적을 가지고 그랬는지 하나씩 파고 들어가고자 했다. 또한

앙트러프러너십.

사업이긴 하되 예술을 대상으로 한 사업을 그들만의 방식으로 펼쳐간 아트딜러, 즉 화상畵商들의 성격도 분석해보고자 했다.

사회역사적으로 보면 화상은 자본주의의 발달에 따라 생겨난 자생적 직업의 하나로, 부르주아지를 위해 투자 대상이 될 수 있는 문화상품을 알선하는 일을 했다. 그들은 한마디로 미美의 상인이다. 사실 미술품 거래는 오늘날 '예술'과 '상업'의 양면을 가지고 그 기능을 하므로 매우 특이한, 아무나 할 수 없는 사업이다. 대중을 대상으로 하는 것도 아닌 이 사업을 어떻게 그들이 성공적으로 해낼 수 있었는지를 고찰해보고자 한다.

결국 이처럼 독특한 문화예술 분야에서 앙트러프러너십을 한 단어로 압축한다면 무엇이 될지 탈고를 하면서 결론에 이를 수 있었다. 그것은 바로 '아방가르드avant-garde'였다. 앙트러프러너십이란 '성공을 거둔 인물의 스토리'라는 식으로만 인식하는 편협한 의미부여를 어떻게든 피하고자 했다. 문화예술은 어떤 섹터보다 고유한 나름의 사고와 철학을 가지고 있고 또한 남다른 의지와 집념으로 일구어낸 업적들로 이루어져 있다. 이 책을 통해 그 점이 분명해지기를 바랐다. 부족하나마 이러한 노력이 예술에서 앙트러프러너십을 올바로 이해하고 앞으로 우리의 문화예술경영에서 밑거름이 되기를 기대해본다.

제1부

·

화상
Art Dealer

머리글

미술사는 미술시장의 역사를 말한다. 그런데 미술사학을 공부하는 것은 뛰어난 사람이 택하는 학문이고 미술시장을 연구하는 것은 비학문적인 사람이나 하는 일이라고, highbrow(고상)와 lowbrow(저속)의 차이라고 생각하는 사람이 아직도 한국 미술계에는 많다. 매우 잘못된 일이다. 아는가? '미술사'란 제목을 단 책을 가장 먼저 쓴 사람이 아트딜러art dealer 즉 화상이었음을.

아트딜러는 미술시장에서 사실 '아방가르드'의 역할을 하고 있다. 아방가르드란 전쟁터 최전선에서 총알받이 역할을 하는 부대이다. 그런 점에서 비평가들이나 큐레이터들이 높은 미술사 지식을 갖고 있다 하더라도 시장이라는 최전선에서 일하면서 미술품의 가치를 몸으로 인지하는 사람들, 바로 아트딜러라는 직업을 저평가해서는 안 된다. 천한 현금을 만진다고 비판하는가? 실제로 아트딜러는 가장 어려운 직업이다. 그래서 쉽게 접기도 하는 직업이다. 그러나 사실 큰 손해를 보는 직업도 아니다.

수년 전 홍익대학교 서울캠퍼스 내에 개설된 치과를 치료차 방문했다. 치료하면서 얼굴을 익히고 교분을 나누던 중 조인증 병원장께서 논의를 해 왔다. 의사와 환자 사이였던 관계가 작가와 어드바이저의 관계로 바뀌었다. 치과의사이기도 하나 열정적으로 사진 작업을 하는 작가이기도 하다. 다만 국내에서 사진 전공을 하지 않았을 뿐이다. 조 원장의 질문은 그랬다. "왜 나의 작품은 우리나라 시장에서 인정받지 못하는 것이지요?"라는 질문부터 시작되었다. "저는 사진 전공이 아니므로 갤러리에서 전시를 받아주지도 않네요." 필자가 볼 때 작품의 순수성은 돋보였다. 바로 역제안을 했다. "원장님, 이제부터는 작품을 국내에서 전시할 생각은 버리십시오. 거꾸로 외국에서 작품이 전시되고, 미술관에 소장되고, 그리고 현지 시장에서 팔린다면 나중에 국내에서 대접이 다를 것입니다." 그리고 시간이 흘렀다. 우선 외국의 사진 전람회 출품과 공모전 출품을 지속적으로 도와준 끝에 두

조인증, 「7월」.

개의 상을 받았다. 거기에서 더 나아가 미국의 유수한 미술관에 소장품으로 기증되도록 다리를 놓아주었다. 기증되기까지 들인 노력과 절차 그리고 무엇보다 심사가 무척 까다로웠으나 해냈다.

이제 조 원장은 작가로서 이력서가 사뭇 달라졌다. 왜냐하면 작가의 값어치는 어느 대학을 나왔는가가 아니기 때문이다. 어느 갤러리에서 전시회를 했는가도 아니다. 바로 어느 미술관에 본인의 작품이 소장되어 있는지가 가장 중요하다. 아마 국내에서 활동하는 사진작가들 중 이러한 이력을 가진 작가는 몇 안 될 것이다. 요즈음은 미국 시장을 두드리고 있다. 미국 시장에서 작품이 팔린다는 뜻은 상업작가가 된다는 뜻이다. 필자는 아트딜러가 아니어서 무료로 지원해주었다. 바로 이런 일들을 할 수 있는 사람이 아트딜러이다.

요즈음 아트딜러라는 직업에 관심들이 많다. 누구나 쉽게 시작할 수 있다. 그러나 쉽게 무너질 수도 있다. 아트딜러로서 성공하려면 가장 경쟁력 있는 나만의 앙트러프러너십을 가지고 있어야만 성공할 수 있다. 일반적으로 회자되는 미술에 대한 오해는 크다. 아트는 돈이 되지 않는다, 아티스트는 가난하다, 현대 아트는 잘 모르겠다 등이다. 아트딜러는 기본적으로 어느 누구도 본 적이 없는 것에서 가치를 찾아내는 직업이다. 대신 호경기·불경기가 없는 직종이며 미술품의 가치를 높이는 것이 화상의 사명이다. 매우 아름다운 일이라고 생각하기 쉽지만 전혀 아니다. 수백 번의 낙망을 겪고 끈기로 이룩하는 사업이다. 거기에다 시장은 아트딜러의 사고와는 정반대로 흐른다. 팔고 싶은 가격보다 팔리는 가격을 추구하는 곳이 미술시장이기 때문이다. 따라서 가격이 오르든 내리든 아트딜러의 역할과는 상관없다.

하나의 미술 작품이 작가로부터 애호가에게 넘어가려면 직접 갈 수도 있지만 대개는 중개자를 거치는 것이 일반적이다. 르네상스 시기 이후 그러한 역할은 신부나 사제에게 있었지만 일반 상인들의 역할을 빼놓을 수 없다. 16세기에서 17세기 사이에는 판화상의 역할이 중대해져 아트딜러의 역할을 가지고 있었으며 이에 따라 미술품의 매매가 점차 확대되어 18세기에는 아트딜러 몇 명의 이름이 거명되기 시작했다. 그리고 19세기에 들어서면서 아트딜러의 숫자가 증가하기 시작했다.

근대미술사는 화상의 역사를 말한다. 첫째, 화상이라는 직업이 19세기 들어서 제대로 성립되었기 때문이며 둘째, 이 시기에 화가들을 내세운 화상들이 해낸 역할이 매우 컸기 때문이다. 미술사에 등장하는 훌륭한 화가 뒤에는 늘 뛰어난 화상이 있었다. 그들만의 시각으로 가능성 있는 작가들을 선별 후원하여 그들의 동반자가 되어주었다. 사조를 앞서가는 화가는 늘 외로운 법이다. 아무도 알아주지 않으므로. 그런데 이들을 눈여겨보고 혜안으로 미래의 가능성을 예견하여 지원해주는 자가 뛰어난 화상인 법이다. 페기 구겐하임^{Peggy} ^{Guggenheim}이 그러한 지원자였고 세잔$^{Paul Cézanne}$이 그러한 외로운 화가였다. 세잔은 시대를 앞서간 인상주의자들보다 한발 더 앞선 화가였다. 세잔은 그랬기에 더욱 외로웠다. 다음은 영화의 한 장면이다. 세잔이 즐겨 그렸던 생빅투아르 산^{Mont} $^{Sainte-Victoire}$에서 외롭게 그만의 그림을 그릴 때 그를 찾아온 신사가 있었다. 세상에서, 미술시장에서 상처를 많이 받았던 세잔은 그 신사를 퉁명스럽게 쳐다본다. 그러자 자기소개를 하는 신사, 그는 화상 앙브루아즈 볼라르$^{Ambroise Vollard}$였다.

본문에 나오는 이야기지만 뒤랑뤼엘$^{Durand-Ruel}$의 성공이 나타나기까지 미술시장과 화가 사이를 연결시켜주는 전문적인 존재는 없었다. 제1부에는 6명의 걸출한 아트딜러가 나온다. 그러나 피카소$^{Pablo Picasso}$의 입체파 미술을 처음으로 인정했던 칸바일러$^{Daniel-Henry Kahnweiler}$와 반 고흐$^{Vincent van Gogh}$가 초상화를 그려준 것으로 훗날 유명해진 탕기$^{Julien François Tanguy}$도 원래는 화구상이었던 사실, 젊은 시절에 반 고흐는 구필화랑$^{Gallery of Goupil\&Co}$에서 일했는데 고흐의 동생 테오^{Theo}도 그곳에서 근무하다가 독립 화상이 되었으며 그 후 자립하여 부소 & 발라동 화랑$^{The Boussod and Valadon Art Gallery}$을 경영했지만 인상파 계열의 그림을 취급했으므로 매우 고생한 이야기 등, 나름의 역할과 유명세가 컸던 딜러들을 빼놓은 점은 아쉽다.

18세기 영국의 출판업자이고 영국에서 복제 판화를 대중화시켰던 미술사에서 빼놓을 수 없는 보이덜John Boydell을 뺀 것은 더욱 아쉽다. 그 외에 더 있다. 이탈리아 회화 전문 윌리엄 뷰캐넌William Buchanan, 플레미시(벨기에 북부 네덜란드어권) 회화 전문 존 스미스John Smith, 토머스 애그뉴Thomas Agnew, 경매 대리 참여를 처음 실시한 존 앤더슨John Anderson, 처음으로 금박 액자에 원화를 넣어 팔기 시작했던 요한 바우타츠Johann Baptiste Bouttats, 장기간 전시를 통해 그림을 판매하는 방식을 창안해낸 마이클 브라이언Michael Bryan 등이다. 아트딜러로서 이들은 각자 나름대로의 성공방정식을 가지고 있었다. 그 밖에 애호가로 불려야 할지 딜러로 불려야 할지 논란이 많은 데이미언 허스트Damien Hirst를 발굴했다는 찰스 사치Charles Saatchi, 개인 딜러 형태는 아니지만 일본 미술시장에서 매우 중요한 중추 역할을 해온 도쿄미술클럽東京美術俱樂部, 일본 최초의 화랑 경영자인 다카무라 고타로高村光太郎, 렘브란트Rembrandt도 모르고 있던 '무를로 석판화 공방Mourlot Studios'이 있었으므로 일본 미술이 세계로 뻗어나갈 수 있었던 사실 등도 이 글에서는 빠졌다.

이 모든 걸출한 인물들과 사실들을 열거하기 위해서는 수

많은 시간과 노력과 실력이 필요하기에 아쉽지만 제외할 수밖에 없었다. 훗날 아트딜러들만 가지고 단행본을 낼 수 있기를 희망한다. 글을 쓰면서 다시 한 번 예술가들에 대한 연민이 매우 크게 다가왔다. 예술가들이 얼마나 어려운 시기를 보냈는지를, 현재도 같은 어려움에 놓여 있음을 주지하는 계기가 되었다.

글 작업을 통해, 최초의 성공적인 화상으로 평가받는 뒤랑뤼엘조차 모든 인상파 화가 작품들을 취급할 수는 없었으며 드가Edgar Degas, 르누아르Pierre-Auguste Renoir, 모네Claude Monet 등 몇몇 작가 덕분에 집중적인 이익을 얻었다는 사실, 시슬레Alfred Sisley처럼 평이한 그림을 그린 작가들이 평생 굶주림과 싸우는 모습을 쳐다볼 수밖에 없었던 배경 등을 파악할 수 있었다. 결국 또다시 확인된 바는 화가들의 공통 수식어는 바로 '절망'이었다는 것이다. 당시 인상파 화가들의 삶을 한 단어로 표현한다면 '절망'이다. 반 고흐의 자살은 그가 살던 시대에 대한 저주받은 화가의 절망이었다. 다행히 세잔은 재산이 얼마간 있었으므로 굶지는 않았지만 자신의 작품 세계를 알아주지 않는 세상에 대한 절망의 깊이에서는 고흐 못지않았다. 이러한 화가들의 절망을 뒤로 하고 이 걸출한 딜러들은 나름의 앙트러프러너십을 가지고 성공 가도를 달렸고 이에 따라 시대를 앞선 화가들 역시 빛을 볼 수 있었다.

사회역사적으로 볼 때 화상은 자본주의의 발달에 따라 생겨난 새로운 직업의 하나로 투자 대상이 될 수 있는 문화 상품의 알선자를 일컫는다. 다시 말하면 미美의 상인商人이다. 다소 진부한 이야기지만 '예술'을 위해 살면서 '돈'에 버림받은 화가와 반대로 '돈'을 위해 살다가 '예술'을 잃어버린 화가에 관한 이야기가 미술사에 많이 전해 오지 않는가. 미술사는 미술품 제작의 역사이면서 그들의 동반자인 화상의 역사이기도 하다. 따라서 먼저 제1부에서는 19세기 후반부터 20세기 전반에 걸쳐 미술시장에서 선구적인 역할을 해온 아트딜러들에게서 어떤 특질을 발견할 수 있을지를 중심으로 살펴보고, 이를 '앙트러프러너십'이란 화두로 풀어나가고자 한다.

인품: 냉철한 사업욕

앙브루아즈 볼라르

1891년, 한 젊은 청년이 뤼니옹 아르티스티크 화랑^{Galerie} de L'Union Artistique의 주인이 된 알퐁스 뒤마^{Alphonse Dumas}를 만나고 있었다. 그해는 고흐가 자살로 생을 마감한 해였다. 청년은 전년도에 남프랑스의 몽펠리에^{Montpellier}에서 파리로 올라와 몽마르트^{Montmartre}에 기거하며 법 공부를 하던 중이었다. 청년은 아프리카 쪽 인도양에 떠 있는 레위니옹 섬 출신으로 몽펠리에의 대학에서 공부하다가 파리로 와서 공부를 더 하고자 했다. 그러나 학위 취득 예비시험에 실패하고는 이내 다른 세계로 눈을 돌리게 되었다. 그는 파리에서 공부할 때 학교가 있는 카르티에 라탱^{Quartier Latin}이나 그 근처 센 강 기슭의 서점 거리를 걸어 다니곤 했는데, 한 점에 몇 프랑짜리 싸구려 데생이나 동판화를 사서 하숙집 벽에 걸어놓곤 했다. 그러는 사이 청년은 어느새 미술에 흥미를 느끼게 되었고 마침내 뤼니옹 아르티스티크 화랑에 근무하게 되었다. 그 청년 이름은 앙브루아즈 볼라르Ambroise Vollard(1866~1939)였고, 그때 나이 24세였다.

그 화랑은 오래된 그림을 취급했기 때문에 볼라르의 취향과는 맞지 않았다. 하지만 그곳에서 화상이라는 직업에 대해 배우고 2년 후인 1893년 독립을 했다. 볼라르가 처음으로 화랑을 연 곳은 라피트 거리 39번지였는데 장소가 너무 좁아 얼마 후 근처 41가로 공간을 늘려서 이전했다. 그의 자서전 『화상의 추억Recollections of a Picture Dealer』에 나오는 이야기이다.

1890년대 초는 인상파 화가들이 기득권을 가진 살롱 화가들과 30년 전쟁을 치른 후 겨우 시장에서 인정받기 시작했을 때였다. 이제 인상파 화가들도 대부분 50대가 되었고 삶에 지쳐 있었다. 볼라르가 미술시장에 등장한 때가 바로 이때였다. 하다 보니 시운도 잘 탄 듯하다. 그렇지만 인상파 화가들은 국외에서 인정받기 시작했을 뿐 프랑스에서는 아직 찬밥 신세였다. 이러한 사실은 눈 밝은 화상에게는 중요한 기회가 되는데 볼라르는 이를 놓치지 않았다. "1890년대는 수집가에게 매우 풍족한 시대였다. 파리 도처에 걸작들이

르누아르, 「앙브루아즈 볼라르 초상」, 1908년.

거의 공짜로 굴러다니고 있었다." 볼라르 자신이 회상하듯 시장에서는 이미 대가가 되어버린 마네를 제외한 대부분의 인상파 작품들은 비슷한 가격을 내걸어도 사는 사람이 없었다. 르누아르의 '나부' 걸작이 250프랑에도 팔리지 않았으며, 폴 세잔의 큰 작품이 100프랑, 작은 작품이 40프랑에도 팔리지 않았다. 귀스타브 카유보트Gustave Caillebotte가 그의 훌륭한 인상파 컬렉션 기증 신청을 해도 미술관들이 받아주지 않던 시절이었다.

볼라르는 자본금이 없었다. 맨손이었다. 지닌 자금이 500프랑 정도였던 그는 그림 거래를 할 때마다 아는 은행가로부터 1할도 아닌 10할의 고리로 돈을 빌려 자금을 조달했다. 첫 행운은 쉽게 시작되었다. 볼라르가 가지고 있던 그림은 대부분 판화나 소묘 종류였으므로 젊은 화가들의 2프랑이나 10프랑짜리 싼 그림들을 거래하면서 단기간에 돈을 벌었다. 당시 인상파 그림을 전문적으로 취급하는 곳은 뒤랑뤼엘 화랑Galerie Durand-Ruel과 베르냉쥔 화랑Galerie Bernheim-Jeune 두 곳이었지만 인상파 그림이 잘 팔리지 않는 상황에서는 화상이 화가들을 독점한다 해도 아무런 의미가 없었다. 대부분의 인상파 화가들은 그림 한 점을 팔기 위해 사방을 돌아다녔다. 그러나 사주는 화랑 이외에는 팔 곳이 없었으므로 뒤랑뤼엘과 베르냉쥔 두 화랑은 화가들과 불가분의 관계를 쌓아

올릴 수 있었다. 이렇듯 두 화랑의 역할은 선진 화랑으로서 대단했다고 할 수 있다.

예나 이제나 시장을 전적으로 장악하는 화상은 없는 법이다. 그렇지만 볼라르는 신출내기로서는 드물게 워낙 뛰어난 인간적 매력을 가지고 짧은 시간에 많은 화가들로부터 신뢰를 구축해냈다. 베르냉죈 화랑의 후계자 앙리 도버비유Henry Dauberville는 볼라르의 매력에 대해 이렇게 쓰고 있다. "볼라르는 말을 잘했다. 말투는 느렸지만 한 마디로 끝날 수 있는 이야기도 '그건 이걸 말합니다······'라는 식으로 대화 사이에 궁금증을 자극하는 말을 끼워 넣어 대화를 늘려나갔다. 프랑스어이긴 해도 파리 억양이 아닌 시골 사투리로 말이다. 그리고 두 번 반복해서 이야기하는 식으로. 더구나 대화할 때는 언제나 조는 듯했다." 실제로 그는 졸면서 대화했고 졸면서 대화하는 것이 매력으로 보였다고 한다. 실눈을 뜬 채 졸더라도 할 말, 들을 말은 다 하고 들었던 것이다. 워낙 점잖은 인품 때문에 결국 르누아르, 드가, 피사로Camille Pissarro, 기요맹Armand Guillaumin, 시냐크Paul Signac, 커샛Mary Cassatt, 르동Odilon Redon, 휘슬러James Whistler, 심지어 그 까다로운 폴 세잔까지 모두 볼라르의 포로가 되었다.

1890년대 초, 인상파 다음 세대들은 악전고투 중이었다. 그들 중 대표 작가는 폴 세잔이었다. 그는 낙오된 인상파 화가로서 프로방스의 시골에서 은둔 생활을 하며 파리에서는 완전히 잊힌 존재가 되었다. 그런 세잔의 유화 5점을 볼라르는 특유의 날카로운 직감에 따라 자신의 화랑을 갖기 전인 1892년에 이미 입수했다. 탕기의 유품 일괄 매각에서 1,000프랑 이하의 저가로 입수했던 것이다. 그리고 화상이 되자마자 최초로 기획한 것이 바로 세잔의 전시회였다. 볼라르는 세잔을 만나고 싶었다. 그런데 어느 누구도 그의 거주지를 알지 못했다.

볼라르는 전에 피사로와 르누아르로부터 세잔에 대한 이야기를 들었던 기억이 떠올라 그들에게 물어 거주지를 알아냈고, 1895년 그들이 권하는 대로 마을 사람들로부터 미친 사람 취급을 받고 있던 폴 세잔을 만났다. 그러고는 그 깐깐한 세잔의 마음을 얻고, 그림을 매입하여 처음으로 '폴 세잔 전'을 개최할 수 있었다. 세잔은 150점의 작품을 볼라르에게 보내어 화랑에 작품이 넘치도록 했다. 비록 전시회에서는 농부를 그린 3점의 대작이 600프랑에도 팔리지 않고 뛰어난 풍경화가 겨우 400프랑에 팔렸으나, 이후 시장에서 세잔의 그림 가격은 빠른 속도로 상승했다. 당시 전시회에서 단돈 700프랑에 작품을 구입한 고객이 25년 뒤에는 30만 프랑에도 그 그림을 내놓으려 하지 않았을 정도로 상승 폭은 엄청났다.

그 무렵 비평계는 냉담했지만 파리의 대수집가들은 세잔의 그림을 수집하기 시작했다. 그리고 볼라르는 화랑을 더 큰 장소로 옮기면서 최초의 석판화집인 보나르Pierre Bonnard의 『파리의 생활Quelques aspects de la vie de Paris』을 간행했다. 오랫동안 무명 화가로 간주되던 세잔에게 집중하는 것은 아트딜러로서는 하나의 도박이었지만 느리게나마 성공을 향해 달려갔다. 이러한 볼라르의 움직임에 많은 사람들이 주목했고 1890년 후반이 되자 젊은 화가들이 볼라르에게로 몰려들었다. 볼라르는 언제나 그들을 환영했고 화랑 지하 식당에서 자신이 좋아하는 예술가들을 불러서 함께 대접했다. 볼라르는 인상파 이후 시장에서 인정받지 못하는 많은 작가의 작품들을 염가로 손에 넣을 수 있었다. 물론 이 점에 관해서는 그와 화가들 사이에 끊임없이 논쟁이 있었던 것은 사실이다. 예를 들면 20세기에 들어서면서 젊은 날의 피카소에게 눈을 돌린 볼라르가 부당하게 싼 값으로 그림을 사갔다는 사실은 피카소의 연인 페르낭 올리비에Fernande Olivier의 자서전에도 나온다.

볼라르는 당대에 성공한 화상이 되었다. 폴 세잔의 뒤를 이어 1891년에 타히티로 떠난 고갱Paul Gauguin과의 전면 계약도 그의 작가에 대한 애정과 몰입 덕분이었다고 할 수 있다. 가난해진 고갱은 볼라르와 계약을 하고 나서 1899년에 부채를 청산하고 자기 집으로 되돌아올 수 있었다. 당시로서는 잊힌 작가 세잔과 타히티로 떠난 고갱에 대해 집념을 불태우는 것은 아무나 할 수 있는 일이 아니었다. 이 모두가 바로 볼라르의 집념과 인품 때문이었다. 이러한 그의 집념은 시장에서 절정에 있던 르누아르까지 붙잡을 수 있었다. 이미 르누아르는 뒤랑뤼엘에 전속되어 있었지만 볼라르와 거래를 했던 것이다. 만년의 르누아르 자택에 자주 출입하고 때론 머무르며 많은 작품들을 입수했고 르누아르 사후 남겨진 700점 중 상당수의 작품들을 그의 자녀들로부터 입수했다.

볼라르는 일면식도 없던 르누아르를 처음 만났을 때 비즈니스 이야기는 하지 않았다. 자신이 가지고 있는 마네의 그림 모델이 누구인지 알고 싶은 나머지 수소문하다가 르누아르라면 알고 있을 것이라는 이야기를 듣고는 만나러 왔다고 했다. 자신의 인품을 무기로 삼은 것이었다. 이런 식으로 그의 손을 거친 작가들 이름을 열거하는 것이 무의미할 정도로 볼라르는 수많은 인상파 화가들과 거래했다.

만약 볼라르가 누군가로부터 원망을 샀다면 그 사람들은 화가들이 아니라 수집가들이었을 것이다. 분별력 있는 화상의 입장에서 보면 대부분의 수집가는 미련하고 경박해 보였을 테니까 말이다. 볼라르는 성공 후 라피트 대로에서 마르티니크 대로의 저택으로 옮겨 갤러리를 열었지만 대문이 열린 적은 한 번도 없었다. 그럼에도 수많은 수집가들이 그의 집으로 몰려들었다. 좋은 작품을 입수하고 싶은 수집가들은 볼라르의 집에서 무작정 기다리면서 인내해야 했고 아무리 비싸도 살 수밖에 없었다. 앙리 도버빌Henry Dauberville이 필라델피아의 대수집가 앨버트 반스Albert C. Barnes를 그에게 데려갔을 때 반스는 엄청 비싸게 부르는 폴 세잔의 「카드놀이 하는 사람들Les joueurs de cartes」을 겨우 살 수 있었는데 "현금을 눈앞에서 세는 꼴을 당했다"는 무서운 후일담이 전해진다.

볼라르는 절대로 자신이 먼저 그림을 팔고자 하지 않았다. 오히려 "필사적으로 팔지 않으려고 노력하고 있는 듯이 보였다"고 수집가들은 말하고 있다. 손님들 앞에서 '그의 앉아 졸기'는 매우 유명했다. 구매자가 인내에 인내를 거듭한 끝에 간신히 원하는 그림이 나와도 가격은 판매자가 결정했으므로 어쩔 수 없었다. 새로운 그림이 나오면 한정된 사람들을 초대하는 방법을 썼는데 사람들은 초대 리스트에 자신이 실리기만을 간절히 바랄 뿐이었다.

폴 세잔, 「카드놀이 하는 사람들」(반스 재단 소장), 1890~1892년.

연구와 학습: 수집하는 화상

나탕 월당스탱

2000년 5월 뉴욕에서 미술품 위작 사건이 발생했다. 고갱의 같은 그림 두 점이 각각 소더비스와 크리스티스 경매에 올라온 것이다. 뉴욕에서 벌어진 엘리 사카이Ely Sakhai 위작 사건을 말한다. 위조범 사카이의 관행은 다음과 같았다.

첫째, 중간급의 진품을 매입한다.

둘째, 복제를 하되 수준 높게 똑같이 그린다.

셋째, 잘 속는 바이어에게 위작을 팔되 가능한 아시아인에게 팔며 진본은 경매회사를 통해 판다.

이 원칙을 철저히 지켜온 엘리 사카이는 맨해튼에 있는 그의 화랑에 폴 고갱의 작품들 중 역작은 아니지만 「라일락

화병^{Vase de fleurs lilas}」을 걸어놓고 있었다. 이 작품은 시장에서 몇 십만 달러씩 나가는 값비싼 것이 아니므로 거래가 되어도 뉴스거리가 되지 못하는 정도의 작품이었다. 그런데 사건이 터져버렸다. 똑같은 작품 두 점이 크리스티스와 소더비스 양대 경매회사의 봄 경매에 동시 출품된 것이다. 즉각 두 경매회사는 서로 자기 것이 진본이라며 기자회견을 했다. 한쪽만이 진품이었다. 작품의 진위에 대해 스스로 판단할 수 없을 때는 제3의 전문가에게 의뢰하는 것이 순서이므로 두 경매회사는 동시에 작품을 들고 고갱 전문가인 실비 크뤼사르^{Sylvie Crussard}에게 가져갔다. 그녀는 두 작품을 같이 붙여놓고는 조심스레 지켜보았다. 몇 분간 침묵이 흐른 후 크뤼사르는 크리스티스가 가져온 것을 지목하며 위품이라고 판정했다. 이 판정을 한 그녀가 소속된 곳이 바로 나탕 월당스탱^{Nathan Wildenstein}(1851~1934: 영어식 이름인 '네이선 월든스타인'으로 널리 알려져 있다)의 손자 다니엘 월당스탱^{Daniel Wildenstein}이 설립한 월당스탱 연구소^{Wildenstein Institute}이다(이 연구소의 전신은 월당스탱 재단^{Foundation Wildenstein}으로 1970년 설립되었다. 프랑스 미술 연구소이자 『카탈로그 레조네^{Catalogue raisonné}』를 발행하며 학술 자료를 보관하고 있다).

'대화상'이라는 말이 있다. 어느 직업이든 이름 앞에 큰 '대大' 자가 붙는다는 것은 우선 스케일의 정도, 특히나 영업

나탕 월당스탱과 아들 조르주 월당스탱. 1908년경.

력의 차이가 대단한 인물들을 지칭한다. 또한 그들이 이룩
한 업적에서 뛰어난 평가를 받을 수 있는 직업인이어야 한
다. 월당스탱 가는 4대에 걸친 화상 집안으로 다른 대화상들
과는 근본적인 차이가 있다. 재력, 영업, 역할, 공적이라는 면
에서 뛰어난 것은 물론이거니와 방대한 컬렉션을 지니고 있
다는 유례없는 특징이 있다. 화상이 어떻게 매매와 수집이란
면에서 양립할 수 있느냐고 하겠지만 나탕 월당스탱는 해냈
다. 그가 대단한 컬렉션을 보유하고 있다는 사실은 뒤랑뤼
엘, 칸바일러 등에 의해 알려졌다. 일반적으로 화상은 좋은

작품은 팔고 뛰어난 작품은 지니고 있다는 말이 있다. 이는 바로 나탕 월당스탱을 두고 하는 말이다. 월당스탱이 판매자인 동시에 최대 수집가란 점에서 수집의 범위는 세계적인 대형 컬렉션과 필적할 정도였다. 당시 금액으로 월당스탱이 보유하고 있던 미술품 가치 총액은 약 1,300만 달러였다. 그가 활동하던 시기의 값어치를 생각하면 어마어마한 금액이었다. 화상이 어떻게 그런 대형 수집 품목을 지닐 수 있었는지 살펴볼 필요가 있다.

나탕 월당스탱은 프랑스 알자스 지방의 페거샤임Fegersheim에서 1851년에 태어났다. 나탕이 19세가 되던 1870년에는 보불전쟁Franco-Prussian War이 일어나 프랑스가 패했다. 당시 과부였던 어머니와 함께 그는 샹파뉴Champagne에 정착하여 옷장사를 시작했다. 샤토 비트리라빌Chateau of Vitry-la-Ville의 주인인 리앙쿠르 백작Comte de Riancourt과 친해져서 자주 방문할 수 있었다. 그곳에서 나탕은 커다란 홀에 걸려 있는 18세기 화가 장마르크 나티에Jean-Marc Nattier가 그린 여성 초상화를 봤다. 나탕이 회화에 매료된 것은 이때로 백작은 이를 눈치채고 이후 많은 미술 이야기를 그에게 해주었다. 결국 나탕은 장사보다는 그림이나 가구 보는 것을 좋아하게 되어 책을 읽고 연구했으며 장사를 위해 여행할 경우에는 반드시 미술관을 방문해 시간을 보냈다. 여행 중 우연히 알게 된 한 여성이 청년의 미술 지식에 놀라면서 자신이 가지고 있던 반 다이크^Anthony van Dyck파의 그림을 팔아줄 것을 부탁했는데, 나탕은 이 미션을 위해 그림을 가지고 처음으로 파리를 가게 되었다. 미술품 파는 일은 매우 어려웠지만 이것이 그가 미술품 거래를 시작한 계기가 되었다.

19세기 후반의 프랑스 사회는 신흥 부르주아지의 발전기였으며 그들은 경제에서 정치로, 문화로 관심을 돌리면서 왕실 귀족이나 성직자를 대신해 사회적인 실력자 계층이 되어 있었다. 그러나 그들의 문화적 식견은 일천하여 동시대의 인상파가 무언지를 이해하지 못하고 있었다. 1875년은 파리에서 최초의 인상파 전시가 개최된 다음 해였는데, 24세로 결혼한 지 얼마 되지 않은 나탕이 화상이 될 것을 다짐하고 라피트 대로에 작은 화랑을 연 해였다. 이 시기는 또한 대화상이면서 최초의 근대 화상으로서 인상파의 보루 역할을 자처했던 뒤랑뤼엘이 사업상 고전하며 두 번이나 파산에 몰리는 과도기를 맞고 있던 때였다.

나탕은 사람들이 지금의 회화를 쉽게 이해하지 못하는 것은 그들이 매우 전통적이며 부모 세대에 의해 길들여져 있기 때문이므로 그들에게 오랫동안 동경 대상이었던 우아한 프랑스 작품들을 찾아주는 일이 최선의 길임을 알아차렸다. 부르주아지의 문화적 역행성을 간파했던 것이다. 짧은 기간에 성공을 거둔 나탕은 1890년 화랑을 다시 화려한 패션 거리로 옮겼다. 화랑이 한 곳도 없는 곳으로 이전하는 모험을 감행한 것이다. 1890년 초는 인상파가 시장에서 간신히 안정되던 시기로 부르주아지가 문화에 대한 흥미와 지식이 높아졌을 때이다. 그들은 신분에 맞게 뒷골목 다니기를 싫어했고 패션 거리 한가운데에 나와 있는 윌당스탱에 가기를 즐겨 했으므로 그의 화랑은 부르주아지의 집합 장소가 되었다. 아울러 나탕은 잇달아 몰락하는 귀족들로부터 나오는 미술품들을 염가로 입수할 수 있었는데 당시는 미술품을 평가할 수 있는 전문가들이 거의 없던 시절이었다. 예를 들면 한 후작부인이 남긴 예술품 목록은 500점의 회화와 228점의 열쇠, 담배 용기, 7,511점의 보석, 수천 점의 사치품이었다. 나탕은 이러한 몰락한 귀족들의 미술품들을 염가로 손에 넣었다. 학습과 연구를 지속해온 나탕은 옛 것을 그리워하는 보수성과 회귀성이 인간에게 있으므로 몰락한 귀족들의 수집품이란 단지 없어지는 것이 아니라, 얼마 지나지 않아 언젠가는 다시 돌아오게 된다는 점을 간파하고, 수집품 목록에 이것들을 올려놓았다. 나탕의 대성공 이면에는 확실한 학습과 연구가 필요하다는 사회심리적 요인과 확신이 있었던 것이다.

나탕이 아들 조르주Georges Wildenstein를 낳은 것은 1891년이다. 나탕은 조르주의 방에 렘브란트의 「아들 티투스의 초상 Titus van Rijn, der Sohn des Künstlers, lesend」과 로코코 미술의 거장 프라고 나르Jean-Honoré Fragonard의 「연애편지La lettre d'amour」를 걸어주었다. 다시 말해 고전미술에 둘러싸인 환경에서 아이를 성장시킨 것이다. 「연애편지」는 1905년 50만 프랑에 매입했다. 아버지 는 아들을 데리고 그림 앞에서 예쁜지 아닌지 묻고는 이야 기를 들려주었다. 역시 학습을 시킨 것이다. 파리의 경매장 드루오Drouot에도 자주 데리고 갔다. 이에 따라 아이의 미술 을 보는 눈은 높아져갔다. 파리의 5대 화상 중 하나로 발돋움 한 월당스탱 화랑은 드디어 미국으로 눈을 돌린다. 1898년 이었다. 1903년에는 자신이 직접 뉴욕에 지점을 열었다.

미국에서는 배치Jules S. Bache, 포드Henry Ford, 로빈슨Edward G. Robinson, 하버마이어Henry Osborne Havemeyer, 록펠러John D. Rockefeller 등 대부호 대수집가들이 출현하고 있었다. 그들은 자신들 조상 의 땅인 유럽을 동경하고 있었지만 아직 조상들의 문화적 전통을 이해하지 못했다. 유럽의 부르주아지보다 더 못한 지 식을 가졌다. 나탕은 그러한 이들을 고객으로 삼아 다가갔 던 것이다. 따라서 또 다른 대성공이 기다리고 있었다. 나탕 은 아들에게 말했다. "대담하게 사라. 천천히 팔아라. 서두르 지 마라. 시간은 문제가 되지 않는다." 이것이 그의 신조였 다. 걸작들이 연이어 월당스탱에게 모인 것도 이러한 원칙 때문이었다. 역사에 남을 대수집가들이 이러한 이유로 나탕에게 모여든 것이다. 구스타브 드레퓌스de M. Gustave Dreyfus, 베이스테귀Charles de Beistegui, 굴뱅키언Gulbenkian, 로스차일드Rothschild 등이 그들이었다. "대담하게 구매하라"라는 나탕의 신조 사례는 1907년 매입한 루돌프 칸Rudolf Kann 컬렉션이다. 렘브란트 회화 11점과 데생 13점, 루벤스 6점, 라위스달Ruysdael 9점, 한스 멤링Hans Memling 3점, 티에폴로Giovanni Battista Tiepolo 7점, 벨라스케스Diego Rodríguez de Silva y Velázquez 1점, 페르메이르Johannes Vermeer 1점, 엘 그레코El Greco 1점, 고야Francisco José de Goya y Lucientes 1점, 프라고나르 2점과 몇 백 점의 공예품과 가구 등이었는데, 당시 금액으로 모두 170만 달러였다.

나탕을 이은 아들 조르주는 아버지보다 더 연구에 몰입했고 학식을 더했다. 조르주는 버너드 베런슨Bernard G. Berenson을 15세 때 만났다. 미술사의 신이라고 불리는 베런슨으로부터 큰 지식을 얻으며 학자 기질을 가진 화상으로서 자기 자신을 만들어나갔다. 학문을 존중한 조르주는 미술 잡지 「가제트 데 보자르Gazette des Beaux-Arts」에 기고하며 경영에 참여하다가 마침내 발행자가 되었다. 조르주 시대에 모아진 사진은 100만 장 이상, 책은 30만 권, 카탈로그는 10만 권에 이르렀다. 예를 들어 6,000~7,000장의 르누아르 사진, 1,500장의 프라고나르 사진, 3,000장의 고갱 사진 등이 갖추어졌다. 수장품도 마찬가지였다. 79점의 프라고나르, 7점의 와토^{Antoine} ^{Watteau}, 20점의 르누아르, 35점의 쿠르베^{Gustave Courbet}, 10점의 고갱 등이 고객을 기다리고 있었다. 조르주가 남긴 작품은 실로 방대해서 아버지 나탕을 넘어섰다. 나탕은 1934년 사망했다.

대공황의 어려운 시기에 수많은 화상들이 도산했으나 미술품 매매가 거의 불가능해진 이 시기에 오히려 월당스탱 화랑은 은밀하게 인상파 회화 수백 점을 쉽게 매입할 수 있었다. 이어서 인상파 외에 초현실주의까지 손을 넓혔으며 제2차 세계대전이 끝나고 파리로 돌아와 다시 문을 열었다. 전쟁 후 각국에서는 새로운 미술관들이 건설되기 시작하면서 누구나 당연하다는 듯이 월당스탱 화랑을 찾았다. 가장 놀라운 일은 월당스탱이 지니고 있던 피카소의 그림만 250점이었던 점이다. 월당스탱은 세계 최대의 화상이 되었고 조셉 듀빈과 대등한 위치에 서게 되었다. 4대에 걸친 월당스탱은 오늘도 현재진행형이다. 연구와 학습, 이것이 월당스탱의 최대 강점으로 꼽힌다.

절대 후원: 대수집가

페기 구겐하임

1979년 사망한 페기 구겐하임[Peggy Guggenheim](1898~1979)은 20세기 미술계에서 미술 작가들에 대한 후원이라는 논제를 놓고 이야기할 때 절대 빼놓을 수 없는 인물이다. 페기는 현대미술사의 전개에서 컬렉터가 미술시장에 얼마나 큰 영향을 끼칠 수 있는지를 보여주었던 산 증인이다. 페기는 제2차 세계대전 후 현대미술의 중심이 파리에서 뉴욕으로 옮겨가고 유럽의 초현실주의와 미국의 추상표현주의 미술이 접목되는 데 결정적인 역할을 했다.

페기는 구겐하임 미술관을 세운 솔로몬 구겐하임[Solomon Robert Guggenheim]의 조카이다. 페기는 뉴욕의 부유한 유대인 부

잣집 딸로 태어났지만 안락한 삶과는 거리가 멀게 유럽 예술가들 속에서 파란만장한 삶을 살았다. 페기는 14세이던 1912년 타이타닉호 침몰 사고로 아버지 벤저민 구겐하임 Benjamin Guggenheim을 잃고 23세에 파리로 이주한다. 페기는 그

페기 구겐하임.

곳에서 조르조 데 키리코Giorgio de Chirico, 달리Salvador Dali, 막스 에른스트Max Ernst, 이브 탕기Yves Tanguy 등 유럽의 초현실주의 작가들과 친하게 지냈다. 페기의 첫 남편은 로랑스 바일Laurence Vail 이라는 조각가였고, 두 번째 남편은 초현실주의 화가 막스 에른스트였으며 그 밖에 사무엘 베케트Samuel Beckett, 탕기, 브랑쿠시Constantin Brancusi, 마르셀 뒤샹Marcel Duchamp 등과 연인 관계였다. 당시 내로라하는 유럽의 현대미술가들과 어울리면서 후원자이자 친구로서 그리고 연인으로 가깝게 지냈다.

제2차 세계대전이 발발하자 유대인인 그녀는 비상구조위원회에 50만 프랑을 기부하고 첫 남편 바일과 이혼한 상태였으므로 애인이었던 막스 에른스트와 함께 미국으로 탈출한다. 초현실주의 미술평론가이기도 했던 앙드레 브르통André Breton에게도 미국으로 갈 수 있는 비행기편을 마련해주고 운임까지 지불해준 페기는 그녀의 재력을 이용하여 초현실주의 미술을 전적으로 후원했던 컬렉터였다.

1941년 뉴욕으로 돌아온 뒤 그녀는 '금세기 미술 갤러리The Art of This Century Gallery'라는 기념비적인 갤러리를 개관한다. 이 갤러리가 훗날 서양 현대미술사에서 매우 중요한 평가를 받게 되는데 바로 미술의 중심지가 파리에서 뉴욕으로 옮겨지는 계기를 마련했기 때문이다. 페기는 이곳에서 브라크Georges Braque, 데 키리코, 달리, 막스 에른스트, 자코메티Alberto

Giacometti, 칸딘스키Wassily Kandinsky, 호안 미로Joan Miro, 피카소, 탕기 등 유럽의 전위적 작가들의 작품들을 전시했으며 전쟁을 피해 뉴욕으로 온 화가들인 샤갈Marc Chagall, 로베르토 마타 에카우렌Roberto Sebastiano Matta Echaurren, 탕기, 앙드레 마송André-Aimé-René Masson, 쿠르트 셀리히만Kurt Seligmann 등을 미국의 새로운 작가들인 잭슨 폴록Paul Jackson Pollock, 마크 로스코Mark Rothko, 로버트 마더웰Robert Motherwell 등과 만나게 해주었다. 그녀는 이들의 작품을 매입해주었으며 그녀로부터 후원받은 작가들은 훗날 하나같이 미국 현대미술의 거장이 되었다. 페기는 재혼한 막스 에른스트와 다시 이혼한 뒤 갤러리의 문을 닫고 베네치아로 가서 사망할 때까지 그곳에 살았다.

2015년 「페기 구겐하임: 아트 애딕트Peggy Guggenheim: Art Addict」란 이름으로 일대기 다큐멘터리가 제작되면서 알려지지 않았던 스토리들이 공개되었다. 페기의 사망 후 그녀의 유언에 따라 그녀의 컬렉션을 기반으로 만들어진 것이 바로 유명한 베네치아의 '페기 구겐하임 미술관Peggy Guggenheim Collection'이다. 페기의 컬렉션은 유럽에서 보기 드문 컬렉션으로 20세기 전반기 서양 현대미술을 이해하는 데 중요한 자료가 된다. 그녀는 대수집가로도 불렸는데 그녀는 사실 수집가이자 능력 있는 화상이기도 했다. 그러나 매우 독특한 화상이었다. 화상은 화상인데 어느 날 자신을 돌아보니 대수집가가 되어 있었던 것이다.

아버지를 잃은 후 구겐하임 가문의 일곱 형제자매 중 가장 적은 유산을, 그것도 어머니 사후에 받았다. 때문에 그녀의 삶은 넉넉하지 않았다. 대부호의 외동딸인 그녀의 첫 직

페기 구겐하임 미술관(베네치아). ©Baloncici / Shutterstock.com

업은 뉴욕에서 치과의사 조수직으로 일당 2달러를 받았다. 다음 직업으로는 사촌이 경영하는 서점에서 일했는데 그 서점에서 보헤미안 소설가들과 교제하다가 첫 남편인 로랑스 바일을 만났다. 스무 살이었던 그녀는 그때 사진가 앨프레드 스티글리츠Alfred Stieglitz가 설립한 뉴욕에 있는 화랑에서 그의 아내인 화가 조지아 오키프Georgia O'Keeffe의 그림을 보았다. 이때만 해도 그림에는 깊은 지식이 없었다.

며칠 후 페기는 로랑스와 함께 유럽으로 건너갔다. 런던에서는 대화상 조셉 듀빈의 조카인 아먼드 로웬가드Armand Lowengard에게 이끌려 미술관의 명품들을 접하기 시작했다. 이즈음 화상 듀빈의 미술고문이었던 미술사가 버너드 베런슨Bernard Berenson을 만났다. 파리로 건너간 페기는 로랑스에 의해 이미 뉴욕 그리니치빌리지의 보헤미안적 분위기에 익숙해 있었으므로 몽파르나스Montparnasse에서 더욱더 자유로운 보헤미안적인 삶에 빠져들었다. 가장 먼저 알게 된 예술인이 맨 레이Man Ray였다. 파리에서 로랑스와 페기는 유산을 소비하면서 생활했는데 연이어 두 명의 아이가 태어났지만 그들은 머지않아 파경에 이르렀고 원래 자유로운 삶을 추구하던 페기는 이혼하면서 곧이어 젊은 작가 존 홈스John Holms와 동거한다. 그러나 1934년 그가 사망하자 주변 친구들은 그녀에게 출판업을 권했지만 페기는 화랑을 운영할 결심을 한다.

페기의 옆에서 조언을 해주던 사람들은 작가 사무엘 베케트와 다다이즘의 거장 마르셀 뒤샹이었다. 당시만 해도 인상파가 무엇인지 정도만 알았던 페기는 뒤샹을 통해 초현실주의나 추상미술의 세계로 빠져들었다.

페기가 1838년 1월에 런던에서 문을 연 화랑은 '구겐하임 죈Guggenheim Jeune'이었다. 뉴욕에 있던 여섯 명의 큰아버지들은 페기를 이상한 여자로 보았다. 브랑쿠시 전시를 준비했지만 브랑쿠시는 그곳에 없었다. 그래서 다시 준비한 것은 장 콕도Jean Cocteau 전시. 그러나 심히 외설적이어서 여론의 뭇매를 맞았다. 다음은 탕기 전시. 전시 후 탕기에게는 작품들이 다 팔렸다고 거짓말을 했다. 사실은 그녀가 전부 사들인 것이다. 앙드레 브르통에게 화랑 운영을 맡겨 차례로 열린 전람회의 전시 작품들 대부분은 페기의 컬렉션이 되었다. 이어 파리로 가서 뒤샹의 소개로 아르프Hans Arp와 칸딘스키를 만나고 그들의 작품을 구입했다. 잇달아 다른 사고가 터졌다. 런던에서 브랑쿠시, 로랑스, 아르프, 뒤샹 조각전을 개최하려고 했으나 영국 정부는 조각품들을 단순한 물건으로 간주하고 면세를 해주지 않았다. 페기가 항의했으나 당국은 당시 테이트 갤러리 관장 제임스 볼리바 맨슨James Bolivar Manson의 의견을 참고로 하여 면세해주지 않았다. 맨슨은 현대미술을 전혀 이해하지 못하는 사람이었다. 그래도 계속 전시회를 열었다. 초현실주의와 추상미술 전람회들을 열면서 영국 미술계의 냉대 속에서도 한 명 한 명 지지자들을 찾는 노력을 계속하여 구겐하임 쥔 화랑의 이름은 점차 알려지게 되었다.

그러는 와중에도 작품 구매자는 그녀 자신이었고 수집 목록은 더욱 쌓여만 갔다. 연간 유지비와 작품 매입으로 재정이 고갈되자 페기에게 조언을 하던 유명한 허버트 리드^{Herbert} ^{Read}가 화랑보다는 현대미술 상설미술관을 열 것을 권했다. 페기는 즉시 리드에게 연봉 5,000달러를 지불하고 수집해야 할 작품 리스트를 만들도록 했다. 그러나 제2차 세계대전이 발발하고 모든 것이 중단되었다. 전위미술가들의 어려움을 눈앞에서 목도한 페기는 미술관 설립은 뒤로 미루고 그들을 구제하기 위한 계획을 수립했다. 그녀는 매일 작가를 만나되 그 작가로부터 한 점씩 구매함을 원칙으로 했다. 막스 에른스트의 작품 3점을 구입한 것이 이때였다. 브랑쿠시, 달리, 마그리트$^{René\ Magritte}$, 아르프, 자코메티 작품들을 계속 구입했다. 히틀러가 노르웨이를 침입한 날에도 레제$^{Fernand\ Léger}$, 맨 레이, 마그리트의 작품들을 구입했다. 독일군의 파리 입성이 다가왔다. 1941년 7월 14일 뉴욕에 도착한 페기는 에른스트와 두 번째 결혼을 하며 1942년 10월 '금세기 미술 갤러리'를 오픈한다. 그녀의 방대한 컬렉션은 미국 각지에서 순회 전시되었다. 그녀가 누구보다도 가장 힘을 쏟은 작가는 잭슨 폴록이었다. 1943년 11월에 폴록전이 열렸다. 당시 궁핍한 생활에 육체노동까지 하고 있던 폴록에게 월 150달러를 주고 벽화를 그리게 했다. 이 그림은 후에 아이오와 대학의 다이닝룸에 기증되었다. 2년 후 페기는 폴록에게 월급을 두 배로 올려주면서 롱아일랜드에 집을 짓는 것까지 후원했다. 이때만 해도 폴록의 과슈gouache는 팔리긴 했지만 유화는 전혀 팔리지 않았다. 결국 모든 작품은 페기의 컬렉션이 되었다. 따라서 페기는 폴록의 최대 후원자였다고 말할 수 있다.

'금세기 미술 갤러리'는 유명해졌고 갤러리의 전시 품목은 점차 초현실주의에서 추상표현주의로 옮겨갔다. 페기는 미국 현대미술의 후원자로서 높게 평가받고 있었지만 그녀의 미국에 대한 태도는 지극히 냉담했다. 이에 따라 조국인 미국을 냉소적으로 보며 심하게 혐오하고 있었다. 폴록 하나를 지지하기 위해 거장의 작품들을 처분하면서 계속해서 몬드리안Pieter Cornelis Mondriaan, 피카소, 들로네Robert-Victor-Félix Delaunay, 브라크, 글레즈Albert Gleizes, 그리스Juan Gris, 레제, 장 메칭거Jean Metzinger, 오장팡Amédée Ozenfant, 비용Jacques Villon, 마르쿠시Louis Marcoussis, 앨 허시펠드Al Hirschfeld 등의 작품을 구매했다. 이즈음 페기는 삶에 싫증이 났다. 싫증이 날 만도 했다. 화랑 경영의 번거로움에 싫증이 나고 에른스트와도 이혼했으므로 또 다른 이주를 생각하게 되었다. 1946년 봄, 페기는 폴록에 대한 미련이 컸지만 미국을 떠나기로 결정한다. 페기가 이탈리아로 떠난 후 폴록은 미국에서 대가가 되었다. 시대가 흐른 것이다. 결국 그녀의 컬렉션은 이탈리아 베네치아에 안주하게 되었다. 1939년 런던에서 기획했던 현대미술관 설립이 10년 후에 이탈리아에서 실현된 것이다.

페기는 특이한 화랑 경영자이자 최대의 후원자였다. 그녀가 손에 쥔 것은 수집품뿐이었다. 그녀의 일대기를 읽다 보면 이렇게 말할 수 있다. 가장 위대한 미국의 화상이자 대수집가라고.

선견지명: 인상파의 대부

폴 뒤랑뤼엘

폴 뒤랑뤼엘^{Paul Durand-Ruel}(1831~1922)의 아트딜러로서 활동을 기념하는 인상파 전시회가 2015년 런던, 파리, 필라델피아를 순회했다. 2015년 여름, 그가 인상파 회화의 대부로서 100년이 훨씬 지나 다시 애호가들을 클로드 모네, 르누아르 앞으로 몰려들게 하고 있다는 기사가 실렸다. 전시 제목은 '폴 뒤랑뤼엘, 인상파에의 도박'이었다. '뮈제 도르세^{Musée d'Orsay}(오르세 미술관)'에서는 약 90여 점이 전시되었는데 대부분 뒤랑뤼엘에 의해 판매된 작품들이 초청되어 전시되었다.

뒤랑뤼엘이 아트딜러로 활동할 당시 그는 이미 파리 본점을 비롯하여 갤러리 지점들을 런던과 브뤼셀 그리고 뉴욕에 두었다. 뒤랑뤼엘은 인상파의 열풍이 미국에 다다르기 훨씬 이전인 1886년에 뉴욕에서 인상파 전시를 개최했으므로 미국은 뒤랑뤼엘에게 상당한 부를 제공한 것으로 간주할 수 있다고 워싱턴 내셔널 갤러리의 큐레이터 크리스토퍼 라이오펠Christopher Riopelle은 말한다. 시카고 미술관The Art Institute of Chicago과 뉴욕 메트로폴리탄 미술관Metropolitan Museum of Art 등에 있는 인상파 그림들 대부분이 그로부터 구입한 작품들이기 때문이다. 당시만 해도 모네의 풍경화는 1913년에 200프랑이었는데 오늘날 가치로 약 900달러 정도 되는 금액이다. 지금은 약 240배에 달하는 값어치를 가지고 있다고 '뮈제 도르세'의 실비 파트리Sylvie Patry는 전한다.

뒤랑뤼엘, 그를 '인상파 육성의 아버지'라고 부르는데 다시 말해 인상파라는 단어를 사용할 때 그의 이름은 반드시 거론된다. 인상파 화가들은 그가 아니고서는 성장할 수 없었을 것이라고 말할 정도로 불가분의 관계에 있었다. 그리고 그는 근대미술사에 등장한 최초의 화상이었다. 19세기 중엽만 하더라도 화가는 주문에 의하거나 그렇지 않으면 유일한 작품 발표 장소인 공영 살롱에서 직접 구매자를 찾아내는 것 말고는 그림을 팔 수 있는 길이 없었다. 그러한 전통적인 궁핍 속에서, 뒤랑뤼엘은 최초의 화상으로 등장했다.

원래 뒤랑뤼엘의 아버지 장마리포르튀네 뒤랑Jean-Marie-

르누아르, 「폴 뒤랑뤼엘」, 1910년.

Fortuné Durand이 파리에 개점한 것은 종이 가게였다. 문구의 판매 종류를 화구로까지 넓히면서 화가들과의 인연이 만들어지고 점차 그림을 매매하게 되었던 것이다. 다시 말해 화상이라는 새로운 직업으로 변화되어가는 자연스러운 절차였다. 훗날의 일이지만 반 고흐의 그림을 벽에 걸어두고 있었던 탕기의 가게도 원래는 화구 가게였다. 이러한 종류의 가게는 19세기 말까지 상당수 있었다. 이렇게 화상으로 업태를 바꾼 뒤랑뤼엘은 1840년에 가게를 옮기면서 새로운 직업으로서의 화랑 일에 몰두하게 된다. 당시 그가 취급하던 그림들은 렘브란트, 벨라스케스, 고야 등과 궁핍한 생활 속에 있던 바르비종파École de Barbizon의 작품들이 주종을 이루었다. 1850년부터 1860년대에 걸치는 시기는 낭만주의의 대장 들라크루아Eugène Delacroix, 귀스타브 모로Gustave Moreau, 그리고 바르비종파의 시장 진출 시기이기도 했으므로 뒤랑뤼엘은 시대를 잘 탔다고 말할 수 있다. 그의 화랑은 들라크루아 같은 화가들과의 회동 장소가 되었다. 1839년 아버지 뒤랑이 가게를 방돔으로 옮긴 후, 1851년에 아들 폴은 사관학교를 중퇴하고 아버지 일을 거들게 되었다. 이때부터 폴은 유럽 각지를 돌아다녔는데 1865년 아버지가 사망하자 폴은 공격적으로 화랑을 운영하기 시작했다. 1870년에 보불전쟁이 발발하면서 더 이상 파리에 있을 수 없게 된 폴은 가게를 폐쇄하고 런던으로 피난을 떠났다.

런던에서 폴은 화가 모네와 피사로를 만난다. 잠시 런던의 뉴 본드 스트리트 168번지에 갤러리를 개설하고 장사를 계속하며 그들의 그림을 다루었는데 그러한 일은 전쟁 후 파리로 돌아와서도 계속되었다. 그런데 파리로 돌아온 그를 두고 복이 아니라 저주에 가까웠다고 주변에서 말했다 한다. 폴이 취급하는 작가들은 시장이 받쳐주는 작가들이 아니었기 때문이다. 당시 인상파 작가들의 생활은 너무나 궁핍했다. 대부분의 작가들은 자금이 떨어지면 으레 뒤랑뤼엘을 찾아가곤 했다. 피사로가 궁핍할 때 뒤랑뤼엘에게 보낸 서신의 일부이다. "뒤랑뤼엘 씨에게. 나는 억지로 그림을 파는 내 자신을 발견합니다. 어쩔 수 없으므로 작품 가격을 낮추고 여기까지 온 것이 매우 속상합니다. 하지만 빚이 많아서 달리 방도가 없군요. 어떻게든 벌어야 하는데 어떻게 하면 좋을지 부탁합니다. 혹시라도 내 그림들을 가져갈 생각이 있으시다면 다른 저렴한 것들도 있습니다. 피사로가……" 뒤랑뤼엘 화랑은 이런저런 인연으로 인상파 작가들의 전속 화상이 되어갔던 것이다. 런던에 화랑을 내기도 했지만 거의 같은 시기인 1871년에 브뤼셀에도 화랑을 마련했다. 그러나 브뤼셀 지점은 1873년에 폐쇄되었다.

미술시장에서는 인상파라는 단어를 사용했지만 사실 인

상파라는 이름을 쓰게 된 것은 훨씬 이후의 일이다. 인상파라고 후에 불리게 되는 무명 화가들이 제1회 전람회를 파리에서 동료 사진가 나다르^{Nadar}의 스튜디오에서 개최한 것이 1874년이었다. 온갖 악평에도 굴하지 않고 뒤랑뤼엘은 1876년 제2회 전시회를 자신의 화랑에서 개최했다. 결과는 예상대로 실패였다. 어려움은 있었지만 그는 계속 달렸다. 뒤랑뤼엘은 여기에서 심각한 경제적인 위기에 직면했으므로 이를 타개할 방안들을 구상해냈다. 뒤랑뤼엘의 화랑 경영 원칙은 다음과 같았다.

(1) 예술을 지켜야 한다.

(2) 화가에 대한 모든 책임을 진다.

(3) 개인전을 개최한다.

(4) 국제 네트워크를 갖춘 화랑을 운영해야 한다.

(5) 누구나 화랑을 드나들 수 있도록 해야 한다.

(6) 화가의 작품은 반드시 인쇄물로 홍보해야 한다.

(7) 금융과 결합해야만 한다.

모든 것이 선견지명이었다. 처음 시도되는 일들이 대부분이었다. 우선 인쇄물 간행은 1869년에 『국제 미술 골동품 평론_{La Revue internationale de l'art et de la curiosité}』을 발행하는 것으로 시작되었다. 개인전을 개최한다는 계획은 전에는 아무도 시도하지 않았던 방식이었으나 얼마 후 착수되었다. 일반적으로 인상파 활동이라고 하면 1874년에 시작된 그룹전이 회자되지만 뒤랑뤼엘 화랑에서의 개인전을 뺄 수가 없다. 그들은 뒤랑뤼엘이 없었다면 아마 모두 굶어죽었을 것이라고 말할 정도로 개인전의 개최는 절대적이었던 것이다. 1886년에는 뉴욕 전시를 성공적으로 마치고 그곳에 지점을 개설하는데 여기에 피사로, 모네, 르누아르, 시슬레, 드가, 모리조^{Berthe Morisot} 등의 작품들이 전시되었다. 1891년에는 모네의 개인전이 대성공을 거두었고, 1892년 들어서서는 피사로와 르누아르 개인전 등이 연이어 대성공했다. 뒤랑뤼엘 화랑 경영이 궤도에 오른 때는 1890년 전후로 그동안 파산 위기가 두 번이나 있었다. 그럼에도 불구하고 화상으로서 그에게는 화가들과 맺어놓은 끈끈한 관계 때문에 근대 화상의 모습이 지금껏 투영된다고 볼 수 있다. 이 부분에서 본격적으로 근대적 화상의 활동 형태가 나타났다고 보는 것이다. 칸바일러는 "나는 20세기 들어서 나타난 최초의 본격적인 화상이라고 말할 수 있지만, 내 앞에는 뒤랑뤼엘과 볼라르밖에 없었다"라고 말할 정도였다.

인상파 작가들 중에는 재정적인 문제로 어려움에 봉착한 뒤랑뤼엘을 멀리하고 그룹전에 참여하지 않으며 등을 돌린 작가들이 생겨났다. 모네는 두 번이나 뒤랑뤼엘을 배신하기도 했다. 1880년대 후반에 모네는 시장에서 전혀 거들떠보지 않던 그림들이 날개 돋친 듯 팔리면서 지베르니^{Giverny}에 있던 빌린 집을 1890년에는 아예 매입하고 주위 토지까지 추가로 구입해 연못이 있는 뜰을 만들 정도의 부를 얻기에 이르렀다. 화가를 어려운 시절에 보살펴주었다고 해도 언제까지나 통하지는 않았던 것이다. 수요가 늘어남에 따라 다른 화상들이 뒤랑뤼엘의 작가들을 데려갔다. 뒤랑뤼엘이 다시금 모네를 되찾아 온 것은 1891년이었다. 모네와 멀어진 즈음에 뒤랑뤼엘이 힘을 쏟은 작가는 마지막까지 그의 옆에 남아준 시슬레와 피사로였다. 1888년 개인전을 연 후 시력이 약해진 시슬레에게 주요 작품들을 대량으로 매입해주어 그의 생활이 안정되게 했고 피사로도 1892년 대회고전의 성공으로 생애 처음으로 넉넉함이 무언지를 알게 해주었다. 1891년 모네를 되찾은 이후 뒤랑뤼엘은 인상파 화상으로서의 지위를 확고히 했다. 이 시기는 화가들도 화상들도 모두 번영하던 시절이었다. 이 시기에 화상을 선망하는 많은 젊은 이들이 나타났는데 볼라르가 그중 하나였다.

뒤랑뤼엘이 미술시장에 끼친 또 다른 영향을 하나 들고자 한다. 바로 근대 화상상의 정립과 판화미술이 미술시장에 등장한 과정에서 한 역할이다. 원래 판화는 르네상스 시기에 태동한 이후 근대회화의 한 형태로 발전했지만 인쇄업자가 출판사를 겸하거나 서점이 다루는 형태로 배포되었고 전문적인 판화상도 16세기 유럽의 각 도시에서 속속 탄생하고 있었다. 그 점에서는 유화보다 앞서서 상업적인 성장을 했다고 볼 수 있다. 그러한 역사적인 배경 때문에 19세기 들어서서 뒤랑뤼엘을 시점으로 하는 근대적인 화상이 등장했다 해도 판화는 화상과는 다른 곳에서 다루어지고 있었다. 하물며 화가가 직접 판화를 만드는 것도 드물었다. 그런데 19세기에 들어서면서 들라크루아나 코로^{Jean-Baptiste-Camille Corot}처럼 판화에 흥미를 가지는 화가들이 나타나면서 양상이 달라지기 시작했다. 바르비종파 화가들도 판화를 제작하고 있었다. 인상파들에게서 이러한 경향이 한층 더 강해짐에 따라 많은 화가들이 판화에 정열을 쏟았다. 다만 인상파의 경우 아직 인정받지 못하던 시절이었으므로 판화가 잘 팔릴 리는 없었다. 화랑에서 회화와 판화를 동시에 취급한 경우는 뒤랑뤼엘이 처음이었던 것이다. 화상 자신이 판화 발행에 적극 참여해 스스로 기획하고 간행하게 된 것은 엄밀하게 말하면 20세기 이후라고 볼 수 있지만 선구적인 역할을 한 것은 뒤랑뤼엘, 볼라르, 베르넹죈^{Bernheim-Jeune} 등이었다. 다만 잘 팔리지 않았으므로 판화를 제작하더라도 몇 매 정도의 소수를 인쇄해야 했다. 오늘날 유통되는 인상파 판화들은 20세기에 들어서서 인상파가 유행한 후에 화상들에 의해 남겨진 판부터 다시 인쇄된 것이 대부분이다. 따라서 인상파 판화는 거의 모두 후쇄 작품들로 보면 맞다. 이러한 관점에서 판화를 회화같이 시장에서 거래되도록 판화에 예술적 가치를 부여한 뒤랑뤼엘의 노력은 크게 평가되어야 한다.

볼라르와 뒤랑뤼엘의 관계에서 한 가지 아쉬운 점이 있다면 1893년의 고갱 개인전이다. 1892년도 전시회가 실패로 끝난 고갱은 1893년 뒤랑뤼엘의 화랑에서 다시 전시회를 개최했지만 전혀 팔리지 않았다. 이 때문에 뒤랑뤼엘과 고갱의 관계는 끝이 나고 고갱은 타히티로 돌아갔다. 그 틈을 새로운 화상 볼라르가 차지하면서 고갱은 볼라르에게 갔던 것이다. 볼라르는 고갱에게 찾아가 제안을 했고 볼라르의 명성을 들은 고갱은 전시회 개최를 수락함에 따라 볼라르는 거저줍다시피 고갱을 뒤랑뤼엘로부터 넘겨받았다. 이에 따라 볼라르는 고갱으로부터 다수의 작품을 매입했고 고갱 사후 어마어마한 부를 거머쥐었다.

뒤랑뤼엘은 당시에 이미 여러 국가에 지점을 설치한 대형 딜러가 되면서 아트딜러 초기 시절에 바르비종파 그림들을 암스테르담에 내다 파는 능력을 발휘했다. 은행가 에드워드로부터 미술품 담보대출을 구상해내기까지 했다. 이는 파리에서 최초의 아트 펀드인 '곰 가죽La peau de l'ours'이 출현하는 기초가 되었다.(1914년 3월 2일, 파리의 드루오Drouot 호텔에서 미술품 유통 역사에 길이 남을 일대 사건이 벌어졌다. 13명으로 이루어진 친목 모임이자 투자 클럽인 '곰 가죽'이 당시로서는 신종 회화 장르인 피카소와 마티스의 유화, 드로잉을 100여 점 사들인 다음 10년 후 드루오 경매를 통해 매각하여 4배의 투자 수익을 달성한 것이다. 곰 가죽 펀드는 1904년 컬렉터이자 평론가이며 미술품 투자가인 앙드레 레벨André Level 이 측근 12명에게 212프랑씩 투자케 하여 결성된 최초의 아트 펀드이다.) 한편 뒤랑뤼엘은 작가로부터 좋은 작품을 확보하기 위해 선지급하는 형태까지 만들어낸 장본인이었다.

뒤랑뤼엘은 결국, 남보다 먼저 시장을 볼 줄 아는 선견지명 있는 앙트러프러너십을 가진 화상이라고 할 수 있다.

끈기: 일본 화상의 선구자

하세가와 진

일본의 대화상인 하세가와 진^{長谷川仁}(1897~1976)은 1897년 목사 집안의 7남으로 도쿄^{東京}에서 태어났다. 형제자매가 모두 14명인 대가족이었다. 목사는 4, 5년마다 임지를 옮겨 다닌다. 하세가와도 아버지를 따라 지방도시를 전전했다. 중학교 1학년 때 아버지가 미토^{美都}에서 도쿄로 전근을 갔으므로 미토 중학교^{美都中學校}에서 다키노^{瀧野} 근처의 성학원 중학교^{聖學院中學校}로 전학을 갔다. 자식 부자인 가난한 목사여서 생활은 넉넉하지 못했으며 학교는 언제나 목사 자녀는 무료인 미션스쿨로 정해져 있었다. 그런 이유로 중학교까지는 겨우 졸업했지만 장래 희망도 없이 체신부의 니혼바시^{日本橋} 동부통신국 경리부 주계과에 취직했다. 하는 일은 전화요금 계산이었다. 매일 아침 전차할인권으로 출퇴근했는데 일급은 38전, 월급날이 가까워지면 전차할인권 값도 모자라는 상태였다. 본래 주판이 서투른 데다가 하는 일이 돈 계산뿐인 단순한 일이었다. 반년 지나서 일급이 40전으로 오르기는 했으나 일급 1엔이 되기까지 기약이 없어 1년 만에 그만두었다.

방향을 틀어 와세다 대학早稻田大學 상과에 입학했는데 2학기에 중퇴를 하고 만다. 대신 아버지가 목회하던 교회의 신자인 곤도라는 사람이 경영하는 무역회사에 입사했다. 요코하마橫浜의 선박회사와 본사 사이를 연락하는 일을 했으며 근무 성적에 따라 월급을 올려주겠다고 했는데 3년이 지나서 회사를 그만둘 무렵에도 월급은 15엔 그대로였다. 회사를 또다시 그만둔 하세가와는 다시 한 번 공부할 생각으로 전에 졸업한 성학원의 고등부와 신학부에 들어가 6년 걸리는 학업을 3년 만에 마쳤다. 이어서 메이지 학원明治學園으로 진학했는데 메이지 학원은 아버지의 기독교 교파와 다르기 때문에 장학금을 받지 못해 부득이 학자금을 마련하기 위해 채소 가게를 개업했다. 말이 가게지 손수레 장사였다. 학교를 파하고 교바시京橋까지 가서 큰 짐수레에 배추나 무를 싣고 거리로 팔러 다녔다. 당시의 채소 장수는 옥호 표지를 단 상의를 입고 다니는 것이 예사였는데 양복 차림으로 수레를 끌

하세가와 진.

고 다녀서 '양복 채소 장수' 또는 '종교 채소 장수'라는 별명이 붙었다. 메이지 학원 학생이고 목사의 아들이라는 것이 알려지자 단골손님이 생겨서 늦게 가도 다른 곳에서 야채를 사지 않고 기다려주는 사람이 있을 정도가 되었다. 덕분에 한 달 수입이 25엔이 되어 학자금 곤란은 겪지 않았지만 학업은 등한히 하게 되었다.

메이지 학원 3학년 때 학생 신분으로 결혼을 했다. 그러나 이미 27세였고 아내는 28세였으므로 늦은 편이었다. 아버지가 목사직을 은퇴하고 고향인 가사마笠間로 돌아간 다음 빈 집을 지키고 있을 때 옆집에 돗토리 현鳥取県의 시골에서 갓 올라온 처녀가 있었다. 그 집에 전화를 빌려 쓰러 갔을 때 말을 건 것이 인연이 되어 반년 후에 결혼을 하게 되었던 것이다. 아내가 견실한 사람이어서 결혼하자마자 장래를 생각해서 넓은 집을 얻어 월세방 일을 하자고 제안했다. 빌린 집이었지만 비교적 넓었다. 목욕탕까지 개조해서 세를 주자 방세와 집세의 차액이 45엔이 되었다. 그러고도 하숙을 쳤는데 그중 4명이 식사를 제공하는 하숙이었으므로 추가 수입이 들어왔다. 아내 린코林子는 하숙집 운영 외에도 삯바느질까지 해서 금세 가계가 안정되었다. 이에 하세가와도 아르바이트를 그만두고 학업에 전념할 수 있었다.

메이지 학원을 졸업한 하세가와는 나가노 현長野県 교회에 목사로 부임했지만 내키지 않는 일이었다. 세상은 불경기였고 달리 할 수 있는 일도 없었으므로 할 수 없이 부임해 갔던 것이다. 결국 1년도 채우지 못하고 임지에서 태어난 장남과 아내를 이끌고 다시 도쿄로 돌아왔다. 도쿄에서는 이렇다 할 일자리가 없었으므로 요코하마 YMCA가 경영하는 저가 호텔에 근무하거나 국회의원 선거운동원을 했다. 제대로 된 일자리를 찾고자 애쓰던 중 중학 시절 친구였던 마쓰무라 게이지로松村敬次郎를 만났다. "내 동생 겐자부로가 그러는데 양화상洋畫商이라는 장사가 장래성이 있다고 하네. 어차피 어영부영 살 바엔 한번 해보지 않겠나?"라는 말을 들었다. 권하는 대로 그의 동생 마쓰무라 겐자부로松村健三郎를 만났다. 겐자부로는 화가를 지망하여 도쿄 미술학교東京美術學校 양화과洋畫科에 들어가 막 졸업했고 춘양회春陽會 등 전람회에 작품을 출품하고 있었다. "사실 나는 화상이 되고 싶지만 화가 겸 화상이 될 수는 없어요. 지금은 일본 그림 전성시대이지만 얼마 안 가면 반드시 양화 시대가 올 겁니다." 이렇게 말하면서 겐자부로는 하세가와에게 양화상이 될 것을 권했다. 하세가와는 겐자부로가 하는 말이 일리가 있다고 생각했다. "그럼 시험삼아 한번 팔아볼까? 팔리면 반분해도 좋겠나?"

결국 새로운 직업이 시작되었다. 하세가와는 겐자부로가 그린 소품 10점을 받아 예전에 근무한 적이 있는 요코하마 YMCA의 주사인 요시무라 씨를 찾아갔다. 하고 있는 일을 설명하니 요시무라 씨는 그 자리에서 한 점을 사주고 아울러 사줄 만한 사람까지 소개해주었다. 당시 처음 판 그림 값은 한 점에 10엔이었다. 하세가와의 말이다.

그것이 타당한 값인지 아닌지 판 본인인 나는 물론이고 산 요시무라 씨도 몰랐다. 아마추어인 나는 그림의 크기를 나타내는 호수라는 개념조차 몰랐으며 나에게 양화상을 권한 겐자부로도 미술학교 출신의 신진 작가로서 그림 값을 정하지 못하고 있었다. 하지만 처음 거래한 이 한 점의 장사에서 나는 큰 용기가 생겼다. 한 점을 10엔에 팔면 이익은 반분하기로 약속했으므로 5엔의 수입이 된다. 당시 5엔이라면 상당한 거금이었다. 이런 일을 한 달에 여러 번 하면 생활은 유지될 수 있다. 이때부터 그림을 걸머진 나의 요코하마 출장이 시작되었다. 그림 파는 곳을 먼저 요코하마로 결정한 것은 그곳이 전에 근무하던 무역회사와 호텔 근무지가 있던 도시였으므로 낯익은 사람이 많고 연줄을 얻기 쉬웠던 것이 첫째 이유였지만 또 무역 중심지인 요코하마가 어쩐지 양화에 걸맞은 층들의 분위기와 어울린다고 생각되었기 때문이다. 사실 무역회사 등에 그림을 가져가면 문전 박대하는 일이 없고 사지는 않더라도 그림을 보자고 하는 정도의 분위기가 있었다. 또한 요코하마는 도쿄와 달리 지역이 좁다. 한 곳에서 팔 때 누군가 살 만한 사람 소개를 부탁하기가 쉬웠다. 당시 나는 '1일1점주의'라는 자신과의 약속을 정했다. 그리고 하루에 열 집 이상을 돌아다녔다. 하루 50전만 가지고 요코하마로 갔는데 요코하마에서 도쿄 사이는 전차 편도가 45전이었으므로 그곳에 도착해서 그림이 팔리지 않으면 집으로 돌아올 수가 없었다. 그런 노력으로 팔러 다녔다.

도쿄 니치도 화랑日動畵廊의 사장 하세가와 진이 들려주는 보따리 화상 시절 이야기다. 하세가와는 스스로 좋아서 화상이 된 것은 아니었으며 대화상을 꿈꾼 것도 아니었다. 본인의 말대로 흐름대로 살아온 화상이었지만 세월이 흐르니 니치도 화랑은 일본 제일의 화랑이 되었다고 회상한다. 그는 화상을 하면서 손님으로부터 꾸중 들을 일이 생기면 일절 변명을 하지 않고 찬송가를 불렀다. 그래야 화가 난 사람도 대거리할 수 없었기 때문이다. 화상이라는 직업 특성상 고객들이 주로 부유층이므로 당대의 자본가, 정치가나 귀족 등

니치도 화랑.

상층부와 접촉할 기회가 자연히 많아진다. 보따리 화상이던 하세가와는 마침내 전람회를 주최하는 화상이 되었고 화가 멤버도 늘어갔다.

하세가와 자신도 말했지만 일본 유산계급 흥망의 역사가 니치도 화랑에 투영되어 있다. 1920년대 말부터 고도성장 경제의 1960년대까지 여러 사람이 이 화랑을 방문했다. 전쟁 중 내무대신이었던 유자와, 아이치 현 지사 구와바라, 아키타의 대지주이며 기인이었던 히라노 같은 사람들이 들락거리는 모습은 어떤 의미에서는 아카사카赤坂의 흥망 변천과 같다고 할 수 있다. 그중에서도 패전은 미술품이 크게 이동한 계기이자 자금을 가진 소장자가 명품을 손에 넣을 수 있는 기회가 되었다. 한 예로 1946년 2월, 요코하마의 소장가로부터 세잔의 명작 「생빅투아르 산」 25호짜리 그림을 팔겠다는 제안을 받았다. 가격은 25만 엔이라고 했다. 하세가와는 이 그림을 브리지스톤 회사의 이시바시에게 가져갔다. 50만 엔을 불렀으나 37만 엔으로 결정되었다. 이 그림은 현재 도쿄에 있는 브리지스톤 소유 미술관에 전시되어 있다.

하세가와는 그 거래에서 깊이 느낀 점이 있었다. 이러한 그림 중개를 하는 것이 화상이므로 화상은 부동산 브로커와 마찬가지로 다른 사람이 돈을 벌게 해주기는 해도 자기 스스로는 그다지 벌지 못했다. 세잔 작품을 이시바시에게 소개하고 12만 엔을 받아 그중에서 소개자에게 5만 엔을 지불하고 자기는 7만 엔의 이익을 남겼지만 아무리 해도 더 큰 꿈은 꿀 수 없었다. 아트딜러 이상의 꿈을 꾸게 된 것이고 이런 신념 아래 화상 일을 계속했다. 그렇다면 니치도 화랑이 성장할 수 있었던 비밀은 어디에 있는 것일까. 하세가와의 믿음은 바로 이것이었다. 화상은 당대만의 장사라는 징크스가 있다. 그러나 '우리한테서 그림을 사주는 사람들은 우리가 밥을 먹게는 해준다. 하지만 우리로부터 그림을 사주지 않는 사람들은 오히려 우리에게 재산을 만들어준다'고 믿었다. 이런 마음가짐으로 끈기를 가지고 화상 일을 수행했던 것이다.

하세가와는 1928년 가을, 요코하마 정재계의 1인자인 오타니 가헤이大谷嘉兵衛의 권유로 요코하마 세관 안에 신설된 요코하마 무역회관 2층 넓은 홀에서 '양화 대전람회'를 개최할 기회를 얻었다. 120점의 그림 대부분이 팔렸다. 다음 해인 1929년 봄에 제2회 전시회를 열었는데 여기에서도 대박이 났다. 같은 해 5월, 요코하마 YMCA 강당이 준공되어 준공 기념으로 양화 대전람회를 개최하여 100점이 넘는 작품들을 늘어놓았다. 이렇게 끈기로 일을 지속하다 보니 하세가와는 어느새 가장 앞서 나가는 화상이 되어 있었다. 하세가와가 바라던 점포를 도쿄 도심에 가질 수 있었던 때는 1931년 4월이었다. 니혼바시 다카시마야 가까운 큰길에 접한 5층 건물인 다카요시 빌딩 1층이었다. 마이유 통신사每夕通信社 사장 탄노 도라키치丹野虎吉의 호의로 무료로 입점할 수 있었다. 크기는 30평이 채 안 되었지만 화랑 개관 기념으로 합동양화전을 개최했다. 그런데 문제가 생겼다. 수개월 후 다카요시 빌딩의 법적 소유자에 의해 퇴거 요구를 받고 난감해졌다. 이에 구면이던 일동화재보험日動火災保險 사장 아와즈 기요스케栗津清亮를 찾았다. 이 회사는 당시 니시긴자西銀座 5초메丁目에 신사옥을 지은 직후로 8개월 정도 지나고 있었다. 1층은 사무실로 사용하지 않는다는 조건이 있었는데 8개월 동안 입주할 회사들이 없었다. 하세가와는 "니시긴자의 발전을 위해 협력해주지 않겠소?"라는 제안을 받았다. 바닥 면적은 100평이었다. 게다가 긴자의 서쪽 뒷골목이라도 도쿄의 중심인 긴자였다. 니치도 화랑이 니시긴자로 진출할 수 있었던 일에서 행운은 하세가와 편이기도 했던 것이다.

하세가와의 일생에서 단 하나 불행이 있다면 자택에 보관했던 작품들 약 2,000여 점이 전쟁 중 공습으로 전소해버린 것이다. 비록 불타서 없어졌지만 하세가와는 일찍이 재고를 두는 화상이 목표였으므로 자기 스스로 세운 목표를 실천한 일본의 대화상이었다.[이상의 글은 하세가와 진이 1974년 출간한 『배꼽 인생へそ人生』과 『돈 버는 이야기』(구영한, 한국경제신문사, 1986)에서 발췌했다.]

풍부한 지식: 톱 딜러

조셉 듀빈

'풍부한 지식의 소유자' '기다릴 줄 아는 끈기' '전략적인 기획력' '고객 서비스 우선' '혁신' '본인의 지식과 경험을 충분히 활용' '네트워크 활용 극대화' '감동 전략' ……. 이들 말고 더 좋은 형용사가 있을까? 이들 수식어를 합친 아트딜러가 있느냐고 묻는다면 바로 조셉 듀빈Joseph Duveen(1869~1939)이라고 답할 수 있다.

그를 금세기 최대의 화상이자 톱 딜러라고 부른다. 아마 서양 사회에서 가장 지위가 높았던 귀족 화상이 아닐까 싶다. 듀빈 경이란 칭호를 가진 화상 조셉 듀빈은 원래 네덜란드인이었다. 네덜란드의 소도시 메펄Meppel에서 대장간을 하던 유대계 네덜란드 집안 출신이다. 이 글에는 여러 명의 듀빈이 등장한다. 삼촌인 헨리 듀빈Henry J. Duveen과 아버지 조셉 조엘 듀빈Joseph Joel Duveen이다. 헨리 듀빈은 보스턴에서 델프트 도자기로 돈을 벌어 뉴욕으로 진출하여 도자기와 미술품 등을 팔면서 백화점왕 벤저민 앨트먼Benjamin Altman, 모건J. P. Morgan 등을 고객으로 두었다. 헨리는 그 밖에 많은 부호 수집가들을 고객으로 두었는데 콜리스 헌팅턴Collis P. Huntington, 와이드너Peter Arrell Brown Widener, 조지 굴드George Jay Gould 등이었다. 영국에 있던 헨리의 형 조셉 조엘 듀빈은 나름대로 가구와 골동품 사업을 잘했다. 조셉 조엘 듀빈의 장남 조셉 듀빈은 어린 시절부터 아버지의 장사를 보고 익숙해져서 어느덧 가업에 종사하게 되었다. 우연이었지만 모건의 런던 저택이 바로 가까운 프린스 게이트Prince's Gate에 있었다. 이들 부자는 어느 날, 헨리의 소개로 모건으로부터 초대받았다. 모건은 구입한 지 얼마 안 되는 5개의 중국 유리그릇을 보이며 "이 중 두 개가 복제품인데 어떤 것인가?"라고 물었다. 중국 도자기 전문가였던 조셉 조엘은 바로 두 개를 골라냈다. 이러한 실력은 그에게 유력한 고객들을 붙게 만들었다. 바로 그들이 프린스 오브 웨일스Prince of Wales, 훗날의 에드워드 7세Edward VII와 금융가인 어니스트 카셀 경Sir Ernest Cassel이다. 카셀 경은 레이디 마운트배튼Lady Mountbatten의 할아버지였다. 조셉 조엘은 왕자의

조셉 듀빈. 1920년대.

신뢰를 얻었고 그가 왕이 되자마자 대관식 때 웨스트민스터 사원 장식을 의뢰받는다. 그 후 그는 영국에서 최고의 장식가가 되면서 기사로 임명되었는데 아들 조셉 듀빈이 훗날 조지 5세^{George V}에 의해 경으로 임명받을 수 있었던 것도 이러한 관계와 배경이 있었기 때문이다.

뉴욕의 헨리 삼촌 또한 조지 5세와 친했는데 둘은 같은 우표수집가였기 때문이다. 왕의 사촌인 러시아 황제 니콜라이 2세^{Nikolai II} 역시 대단한 우표수집가로서 헨리와 가까웠다. 메리 왕비Mary of Teck도 조셉을 총애하며 미술관이나 갤러리를 방문할 때 그를 안내역으로 삼았다. 이들 형제가 '듀빈 브라더스 회사'를 정식으로 설립한 것은 1879년이다. 1886년 조셉 조엘은 17세의 아들인 조셉 듀빈을 미국에 파견하여 삼촌인 헨리로부터 사업을 배우도록 했다. 조셉 듀빈은 뉴욕에서 삼촌의 사업 규모를 보고는 가게가 작은 것에 실망하고 바로 5번가의 월도프 호텔과 케임브리지 호텔 옆에 위치한 좋은 장소를 찾아내어 가게를 열었다. 조셉 듀빈은 삼촌이 방문한 어느 날, 한 고객에게 태피스트리tapestry 한 점을 1만 달러에서 파는 모습을 보여주었다. 구매자는 부호인 윌리엄 휘트니William Collins Whitney였다. 삼촌 헨리는 런던의 형에게 보고했다. "조카가 뉴욕에 와서 듀빈 브라더스를 미국에서 제일 스마트한 장소로 이전하고 게다가 좋은 취미를 가진 한 명의 손님을 찾아냈어"라고. 삼촌은 조카를 보면서 "저 녀석은 천재야. 나를 미치게 만들어"라고 질린 얼굴로 중얼거렸다.

다른 에피소드가 있다. 조셉이 런던으로 돌아온 지 얼마 안 되었을 때 가게에 어느 부부가 들어왔다. 런던 구경 온 시골 사람 같은 느낌이었다. 병풍을 보고 싶다고 해서 보여주자 부인은 흥분하며 그 자리에서 바로 매입했다. 놀란 아버지 조셉 조엘이 아들에게 이 부부가 누구인지 알아 오라고 시켰다. 아들 조셉은 바로 밖으로 나가 마차 마부에게 묻고 그가 기네스Guinness 경임을 알아냈다. 가게로 돌아온 조셉은 질문을 던지는 이 부부에게 "그렇습니다, 레이디 기네스"라고 대답했고 자신들의 이름을 알고 있다는 사실에 그들은 깜짝 놀랐다. 이것이 조셉 조엘의 사업 수완이었다. 그러나 아들은 그것으로 만족하지 않았다. 조셉은 영국에서 최고 부자인 기네스 경이 햄프스티드의 '켄우드하우스Kenwood House 컬렉션'을 일괄 매입하는 등, 몇 백 파운드의 돈을 그림에 투자해 화상 토머스 애그뉴를 부유하게 만들었다는 사실을 알고 있었다. 그는 그 돈을 자기 쪽으로 돌리기 위해 그림을 취급하기로 계획을 세웠다.

그림은 진위 판별이 어려우므로 아버지도 삼촌도 손을 대지 않았었다. 그러나 조셉은 당대 미술 부문의 최고 권위자인 카이저프리드리히 미술관Kaiser-Fridrich Museum(현재는 보데 미술관Bode Museum으로 바뀌었으며, 베를린 박물관 섬Museumsinsel 내에 있다) 관장 빌헬름 폰 보데Wilhelm von Bode를 베를린으로 찾아가 고문으로 위촉했다. 조셉이 본격적으로 미술시장에 데뷔한 시기는 1901년이다. 조셉은 당시로서는 경매 사상 최고 가격인 1만 4,050파운드짜리 초상화를 비싼 줄 알면서도 구입하고, 이어서 1906년 베를린에서 유명한 오스카 하이나우어 컬렉션The Collection of Oscar Hainauer을 250만 달러에 매입했다.

다음으로 구입한 것은 파리의 로돌프 칸 컬렉션^{Rodolphe Kann} ^{Collection}이었다. 이러한 대량 구입에 아버지는 극심히 반대했지만 그는 일괄 구입의 이점을 역설했다. 분명히 일괄 구입을 하면 개별 가격이 알려지지 않기 때문에 팔 때는 내 맘대로 가격을 붙일 수 있다는 한발 앞선 사고를 가졌던 것이다. 로돌프 칸 컬렉션의 경우는 은행으로부터 500만 달러를 빌려서 매입했다. 아버지가 반대할 것이 분명했으므로 비밀로 해두었다. 그러나 아버지는 후에 알게 되긴 했지만 아들의 그러한 매입 전략을 납득하지 못한 채 뇌졸중으로 사망했다. 수개월 후, 그는 다시 파리에 있는 다른 대형 컬렉션인 모리스 칸^{Morris Kahn}의 컬렉션을 300만 달러에 사들였다. 이미 1,050만 달러어치를 미술품 매입에 투자한 사실은 회사의 신뢰로 돌아왔고 커다란 이익이 뒤따랐다.

시일이 지나 이 매입품들이 팔려나간 대상을 살펴보면 이렇다. 13점은 벤저민 앨트먼에게, 3점은 헨리 프릭^{Henry Clay} ^{Frick}에게, 나머지는 헨리 헌팅턴^{Henry E. Huntington}과 J. P. 모건에게……. 특히 1926년 캘리포니아의 헌팅턴에게 팔 때는 트럭 가득 회화와 조각을 싣고 가서 일괄 매각했다. 처음 투자한 1,050만 달러가 몇 배로 불어났는지 그 자신도 모를 정도였다.

아버지는 사망 후 700만 달러의 부동산을 남겼는데 유산을 정리하고 나니 200만 달러 정도의 현금이 남았다. 삼촌 헨리가 35퍼센트, 조셉이 15퍼센트를 유산으로 받았다. 1919년 삼촌 헨리가 사망하자 삼촌이 소유하고 있던 55퍼센트의 주식을 일괄 매입해 회사의 전권을 움켜쥐었다. 다른 형제자매가 소유하고 있던 주식도 전부 매입했다. 조셉은 회사 자금을 계속 미술품에 투자하며 작품을 구매했다. 조셉 듀빈이 생애 동안 판 미술품의 숫자는 별 의미가 없다. 무엇보다 컬렉션의 다양함과 수준 높음에 놀라지 않을 수 없다. 이제 화상 듀빈은 여유가 생겼고 미술품 거래에 패턴이 생겼으며 스스로 전략을 짤 정도의 초대형 아트딜러가 되어 있었다.

고객과의 대화에서는 여유와 배려 그리고 끈기가 뒤따랐다. 매년 5월 말 뉴욕에서 런던으로 건너가 6월부터 7월까지를 보낸다. 그 후 프랑스로 건너가 파리에서 1~2주 보낸 후, 휴양지 비텔Vittel에 가서 3주간 온천 요양을 한다. 다시 파리를 거쳐 런던으로 돌아오고 9월 중에 뉴욕으로 돌아가서 봄까지 보낸다. 이러한 연간 여행 계획을 가지고 살았다. 매년 한 번 여행에 100만 달러를 소비했다. 아버지 때부터 모건은 고객이었다. 언제나 모건이란 이름을 되뇌고 지냈다. 중요한 손님과 만나는 전날 밤에는 침대에 들어가기 전 반드시 상담 리허설을 했다고 한다. 그는 뿌리부터 상인이었다.

그의 구매 스타일은 하도 호방해서 불경기와 상관없이 언제나 최고의 값을 붙였다. 어느 날 한 영국 귀부인이 초상화를 팔러 왔다. "1만 8,000파운드면 어떠세요?"라고 귀부인이 말하자 "이 그림이 1만 8,000파운드라고요? 당치도 않습니다. 2만 5,000파운드라면 사겠습니다." 비쌀 줄 알지만 명품을 모으는 데는 이유가 있는 법이었다. 파는 스타일 역시 호방했다. 그는 협상 능력에 관한 한 일가견이 있었다. 거부 록펠러와의 거래가 그랬다. 1934년 조셉은 드레퓌스 컬렉션Dreyfus Collection에 있던 베로키오Andrea del Verrocchio, 도나텔로Donatello, 데시데리오Desiderio da Settignano의 흉상 작품 3점을 150만 달러에 록펠러에게 추천했다. 너무 비싸다며 거절하자 "1년간 맡겨드릴 테니 그때까지 보시고 천천히 결정해주십시오"라고 제안했다. 록펠러가 전혀 살 마음이 없음을 알았지만 자신의 집에 두고 매일 보는 사이에 결국 필요해질 것이라 판단했다. 사실은 100만 달러짜리였는데 150만 달러를 불렀던 것이다. 예상대로 1년을 얼마 앞두고 록펠러로부터 답신이 왔다. 구입은 하겠다, 그러나 내가 가지고 있는 태피스트리가 25만 달러짜리인데 이걸 주고 현금 100만 달러를 지불하겠다는 카운터 오퍼였다. 조셉은 거절하면서 "저도 100만 달러 정도는 가지고 있습니다"라고 답했다. 자존심이 상한 록펠러는 크리스마스 한 주일을 앞두고 당장 가지고 갈 것을 조셉에게 통보했다. 그렇다고 조셉이 질 사람이 아니었다. 창고의 보안 문제로 연말에 가져가겠다고 알렸다. 결국 1년을 마감하는 12월 31일 록펠러로부터 연락이 왔다. 150만 달러를 지불할 테니 두고 가라고. 록펠러를 상대로 100만 달러짜리를 150만 달러에 팔 수 있는 끈기와 협상력을 보여주었던 사례다.

조셉 듀빈은 나이가 어릴 때 이미 보는 눈이 넓었다. 19세기 말 유럽에는 그림이 넘치고 미국에는 자금이 넘침을 깨달았다. 그때 나이 17세였다. 자연스럽게 부유한 미국인들은 파리로 몰려들었다. 조셉 듀빈은 이를 놓치지 않고 그들에게 그림을 팔기 시작했다. 사실 프랑스로서는 불행이었다. 모네를 비롯한 대부분의 주요 작품들이 미국으로 팔려 나갔다.

시가와 관련된 당시의 일화 한 토막이다. 미국 부호들은 유럽 대륙 여행 시 배편을 이용하고 그리고 대부분 시가를 애용했다. 몇 달간의 유럽 여행에 얼마만큼 시가가 필요한지 정확하게 예상하는 사람은 없었다. 조셉은 이를 간파하고 미리 뉴욕에 소문을 냈다. 파리에 가서 시가가 떨어질 경우 조셉 듀빈 화랑에 가면 시가를 넉넉히 구할 수 있다고. 역시 조셉의 예상대로 대부분의 큰손들은 여행 도중에 시가가 소진됐다. 들었던 바대로 그들은 조셉 듀빈의 화랑을 들렀다. 조셉 듀빈은 화랑 직원들에게 시가를 절대 팔지 말도록 했다.

대신 직원에게 미리 당부해두었다. 누구든지 오면 시가 한 박스는 귀하를 위해 남겨놓았다는 말과 함께 그냥 드리라고. 시가를 얻기 위해 들른 미국인 부호는 결국 시가를 한 상자 공짜로 얻고는 갤러리 문을 나서게 된다. 다만 한쪽 손에는 반 다이크^{Anthony van Dyck} 그림 한 점이 들려 있다. 그림을 판 직원은 즉시 누구에게 그림을 팔았음을 기록하고 정기적으로 거래 일지에 누가 방문했으며 그 사람은 어떤 취향의 그림을 좋아하고 어떤 질문을 했다는 등의 보고서를 작성하여 조셉 듀빈에게 알렸다. 다시 말해 마케팅을 공부하지 않았을 조셉 듀빈은 통신원 같은 사내 보고 시스템을 운용할 줄 알았던 것이며, 고객 관리 시스템을 운용할 줄 알았고, STP(세분화^{Segmentation}, 타깃 선정^{Targeting}, 위치 선정^{Positioning}) 전략을 구사했던 것이다.

조셉 듀빈이 고객을 응대하는 또 다른 사례는 헨리 헌팅턴의 부인 애러벨라^{Arabella Huntington}에 관한 일화에서 엿볼 수 있다. 19세기 미국의 최대 철도 재벌 헨리 헌팅턴의 두 번째 아내가 된 애러벨라 헌팅턴은 미천한 집안 출신이었다. 재벌가의 부인이 된 애러벨라는 상류층의 일원으로 인정받고 싶었다. 그래서 샌프란시스코의 저택에서 상류층 인사들을 초대해 최고급 파티를 자주 열었지만 파티장에는 오직 그녀의 돈만 보고 접근하는 사람들만 넘쳤다. 상류층 사람들은 그녀를 그저 예쁜 얼굴로 돈 많은 남자를 유혹해 운 좋게 결혼한 여자라고 간주했기 때문이다. 다들 그녀를 졸부라 여기고 자신의 물건을 팔기 위해 또는 사업을 성사시키기 위해 애쓸 때 오직 조셉 듀빈만은 다른 모습을 보였다. 애러벨라를 만난 후 몇 년 동안은 그림을 파는 데는 전혀 관심이 없는 듯 언급조차 하지 않았다. 대신 그녀와 시간을 보내면서 자신이 알고 지내는 여왕과 공주들에 대한 왕실 이야기를 끊임없이 해주고 만남을 주선해주었다. 그녀는 결국 자신을 상류층으로 만들어주는 사람은 조셉 듀빈뿐이라는 생각을 갖게 되었다. 남편이 세상을 떠나자 그녀는 물려받은 재산을 가지고 렘브란트나 벨라스케스의 작품들을 엄청나게 매입하기 시작했다. 다른 딜러를 통하는 일은 없었다. 오직 조셉 듀빈을 통해서만 매입했던 것이다.

조셉 듀빈은 물건을 팔려고 하지 않았다. 상대방이 원하는 것이 무엇인지 파악하고 이를 채워주기 위해 노력했다. 무서운 장사꾼이었던 셈이다. 런던에서도 귀부인들에게 그림을 팔려고만 하지 않고 미술사와 역사 이야기를 먼저 들려주었다. 다시 말해 모두가 목말라 하는 지식을 알려주는 것으로 고객을 만들고 언제나 해박한 지식을 가지고 고객을 압도했던 것이다.

이미 오래 전에 세일즈란 마음을 얻는 것이지 돈을 구하는 것이 아님을 스스로 깨달았던 셈이다. 그는 풍부한 지식의 소유자로서 자신이 지닌 지식을 공유하고자 했으며 기다릴 줄 아는 끈기를 가지고 역사상 최대이자 가장 유명한 화상으로 남았다. 또한 그는 화상이라면 절대 될 수 없는 영국 국립미술관 관장이 되었다. 친구처럼 지낸 제임스 맥도널드 James Ramsay MacDonald 수상에 의해서였다. 이어 1919년 기사가 되고, 1929년 준남작, 1933년에는 밀뱅크 남작 Baron Duveen of Milbank 작위를 하사받았다. 조셉 듀빈은 1939년 69세로 사망했다.

제2부

·

예술가
Artust

머리글

    화가들에게 앙트러프러너십이라는 용어를 붙여도 될지 처음엔 난감했다. 그렇지만 이 책의 앞부분과 연결하기 위해 흐름대로 이어나가기로 했다. 이름하여 불세출 화가들의 창조력을 앙트러프러너십이라 부르고자 한다.

    사실 작가들의 앙트러프러너십이란 창작혼 외에는 없지 않은가? 창작이란 남을 의식하지 않고 생각의 자유와 영감을 가지고 작업함을 말한다. 그래서 예술은 고독한 것이다. 흔히 말하기를 화가를 유형별로 나누면 자신만을 위한 자기만족 화가, 자본주의 시대에 살면서 성공만을 추구하는 화가, 남을 가르치려고만 드는 독선적 성격의 화가, 통심한 화가 등이 있다고 한다. 사실 이 모두는 화가가 가지는 삶의 목적을 말하는 것일 뿐이다. 소설가가 소설을, 시인이 시를, 음악가가 작곡을 통해 창작혼을 보이듯이 화가가 보여주는 자신만의 지향성은 결과물인 작품으로밖에는 설명이 안 된다. 그리고 사회는 작품으로 그 작가를 평한다.

그런데 수많은 작가들 중에서 누가 왜 어떤 이유로 특정 작가를 걸작을 그린 뛰어난 화가라고 부를까? 수많은 화가들과 적지 않은 명화들 중에서 대표적인 6개의 스토리텔링을 선별해낸다는 것은 쉽지 않은 일이다. 어떤 작품들은 워낙 유명하긴 하지만 스토리텔링을 추출해내고자 해도 작품 설명에만 그칠 순 없으므로 우선 작가의 작품 제작 배경이 해당 작가의 대표작으로서 시대적 창의성을 나타낸 것이어야 하고, 일반인이 봤을 때도 그 작품의 시대적 영향이 현재까지 지속되는 것이어야 한다. 빈한한 필자의 지식과 리서치 능력에 의해 선별하려다 보니 루벤스Peter Paul Rubens, 미켈란젤로Michelangelo Buonarroti, 르네상스 예술의 문을 연 조토Giotto di Bondone, 15세 때 대퇴골이 부러지는 신체 비극을 극복하고 예술혼을 불태운 로트레크Henri de Toulouse Lautrec, 고갱, 윌리엄 터너Joseph Mallord William Turner 등 수많은 예술가들을 빼놓을 수밖에 없어 참으로 난감했다. 더구나 한국 작가들 중 박생광朴生光과 오윤吳潤을 끝까지 이 글에 포함시킬까 고민했지만 아카이브 부족 때문에 뺄 수밖에 없었다.

『탈무드』에 나오는 말이다. 옛날 한 화가가 그림이 잘 안 팔리는 것을 불평하다가 랍비에게 찾아갔다. "저는 2, 3일에 걸쳐 그린 그림이 2, 3년 후에나 팔리는데 그 돈이 너무 적게 나옵니다. 어떻게 해야 하나요?" 랍비가 말하기를 "그렇다면 2, 3년 동안 그림을 그리세요, 그러면 2, 3일 안에 큰 값에 팔릴 것입니다." 이는 화가가 걸어가야 하는 길을 보여주는 말이다. 화가를 말할 때 피카소같이 당대에 잘살게 되는

화가의 팔레트.

화가는 많지 않다. 정답은 아니겠지만 그러한 화가의 일생이 어쩔 수 없는 창작가의 올바른 과정이라는 말을 듣고 배워왔다. 그럼에도 불구하고, 화가도 직업의 하나이자 철학자로서 명망 있는 종착점을 지향한다. 그 종착점의 배경에는 화가만의 창의력이 있다. 이우환李禹煥은 점과 선만 가지고 세계를 열었다. 웨민쥔岳敏君은 웃기는 세상 바로보기로, 예술로 사회는 못 바꿔도 사람의 생각은 바꿀 수 있다는 신념으로 자기만의 창작 세계를 열었다. 쩡판즈曾梵志는 가식적인 현대를 가면을 사용해 표현함으로써 창작의 원천으로 삼았다. 왕광이王廣義도 혁명의 허구성을 표현하며 잔혹함과 미美를 동시에 풀어냈다. 앤디 워홀Andy Warhol과 로이 릭턴스타인Roy Fox Lichtenstein은 소비사회의 상징인 아이콘을 그들의 예술에 포함시켰다. 제프 쿤스Jeff Koons는 예술과 상품을 같은 선상에 두는 단순함을 창작의 기본으로 삼았다.

물론 이렇게 미술시장을 설명함에는 한국인으로서는 큰 장벽이라 할 수 있는 고정관념이라는 장벽이 있다. 바로 서구 미술이 아니지 않은가 하는 점이다. 미술시장이란 원래 우리의 것이 아니기 때문이다. 미술시장은 서구에서 시작되었고 지금도 서구 시장이 주류로 통한다. 아시아 예술가는 아무리 애를 써도 서구 시장에서 주류로 인정받지 못한다. 단단한 프랑스 문화패권주의와 앵글로색스니즘이 그 장벽이다. 세계화 과정에서 서구 시장이 확대되면서 새로움을 찾다가 일본, 중국, 한국 미술도 그들만을 위한 세계화 과정에서 일부 편입시키고 있을 뿐이다. 그중 하나가 단색화 열풍이다. 기뻐할 일이 절대 아니다. 그러다 보니 아시아 화가들이 서구 시장에서 성공하기 위해서는 두 가지 전략과 방안 외엔 없다. 동화 전략을 택하느냐 서구를 극복할 것이냐의 문제다. 서구를 극복한다는 것은 시장을 바라보지 않고 나만의 세계를 추구한다는 뜻일 것이다. 이 경우 시장에서의 즉각적인 인정이 어려울 수도 있음을 각오해야 한다. 동화 전략은 무라카미 다카시村上隆처럼 서구를 위한 창작 세계를 여는 길을 택한다는 뜻이다. 그는 서구 시장과 결합하여 서구 시장이 원하는 '일본미술 바꾸어 읽기'라는 방법으로 그만의 창조 정신을 발휘하여 성공했다. 그럼에도 불구하고 무라카미 다카시는 말한다. "난 거장이 아니다. 힘없는 예술가일 뿐이다. 이유는 난 미국인이 아니기 때문이다." 바로 아시안 예술가의 한계를 보여주는 지점이다. 그리고 독창성은 어디에서 나오는가. 무라카미 다카시는 "살인적 집중력과 성실성으로부터 나온다"라고 말한다. 그런데 실상은 그도 숨긴 부분이 있다. 바로 서구 시장과의 결탁을 이용하여 두각을 나타냈다는 사실을 말이다. 우리는 서구 지식을 배우면서 자라왔다. 때문에 사상이 복합적으로 되어버렸다. 동양적인 사고와 환경에서 자라나고 공부했는데 서구 미술을 지향한다. 매우 큰 모순이다. 필자가 박생광을 찬사하는 이유이다.

그러나 예술이라는 점을 놓고 볼 때 왜 아름다운 예술 작품에 끌리는 것일까 생각해보자. 지그문트 프로이트 Sigmund Freud는 예술가가 지닌 창조성의 원천을 아이의 놀이에서 찾아야 한다고 했다. 창작과 놀이는 무의식에 뿌리를 두면서 종종 환상의 형태로 표현된다는 점에서 닮았다. 이는 화가가 창작성을 추구하는 이유를 말한다. 창작을 하는 화가는 어느새 철학자가 된 자신을 보게 된다. 생시몽 Saint-Simon은 그래서 예술가를 '아방가르드'라고 불렀던 것이다. 예술가가 자신의 행동을 가지고 세상의 구원자가 되는 것이다. 지난 200년간의 변화이다. 이러다 보니 작가에게는 엄청난 창조를 위한 고통이 뒤따른다. 삶의 질고는 부수적으로 따라온다. 예술가는 모든 권력을 거부하는 존재로서 이러한 화가의 창의성에는 두 가지 전제조건이 반드시 수반된다. '전문성'과 '애착'이 그것이다. 확실히 재능이 예술가의 본질을 결정한다. 하지만 꾸준한 작업이 따라야 한다. 예술적 소양과 꾸준한 작업에 따른 조화를 바로 예술적 영감이라고 할 수 있다. 재능만 믿고 자신을 추구하다가 시장에서 버려진 수많은 예술가들을 보지 않는가?

예술가는 삶의 존재 자체가 예술이어야만 하는데 상업적

으로 개인적 명성에 너무 현혹되는 시대를 떨쳐버리지 못하는 것 같다. 작금의 위작 논란 사태가 바로 그것이다. 상업화랑의 농간에 휘둘린 예술가는 그 순수함을 이미 잃어버렸다. 예술가의 추락은 매우 쉽게 이루어진다. 근래 한국의 미술대학에서는 역사, 철학, 문학을 가르쳐야 함에도, 심지어는 강제로 둘러보는 충분한 여행 프로그램을 실시해야 함에도 대부분의 학교에서는 작업 기술만 가르친다. 창조성을 추구하도록 밑바탕을 가르치지 않는데 과연 걸작이 탄생할 수 있을까?

선도적 창조

프란시스코 고야

　살아 있는 인간도 누드모델이 될 수 있다는 신기원을 만든 장본인 고야^{Francisco José de Goya y Lucientes}(1746~1828), 그런 용기를 뚝심으로 헤쳐나간 고야.

　지금은 누드화가 일반화되었지만 고야가 활동하던 유럽 가톨릭 사회는 매우 보수적이었다. 궁정화가로서 입지를 굳힌 고야는 사회적인 욕망이 분명한, 그러면서도 반드시 표현해야 한다면 표현하고야 말았던 천재 작가로서 입지를 굳혀나갔다. 이런 부분은 고야가 겁도 없이 자신이 모시고 있던 왕실 초상화를 지나치게 솔직하게 비판적으로 그려낸 데서 찾아볼 수 있다.

고야, 「자화상Autorretrato」, 1815년.

「카를로스 4세의 가족La familia de Carlos IV」을 보면 자신에게 녹봉을 주는 국왕 가족을 표현하는 데서 비난을 넘어 모욕을 하는 정도의 그림을 그렸다. 그림 속에서 왕실 가족 전체를 바보처럼 그렸던 것이다. 이 작품은 고야가 궁정화가가된 지 1년 만에 왕으로부터 직접 의뢰받고 그린 초상화다. 급료를 받는 입장이었지만 고야는 평소 무능한 국왕에게 전혀 호감을 느낄 수 없었다. 세간의 국왕에 대한 모든 야설,

험담, 세평을 한 폭에 담았다. 국왕을 전면 중앙에 배치해야 하는데 왕비를 중앙에 배치했다. 세평을 따라 했던 것이다. 왕비는 치맛바람이 무척 셌다. 남편인 국왕을 제멋대로 휘두르고 여러 재상들과 야밤에 놀아났다. 파렴치하며 권력을 휘두르는 왕비이므로 정중앙에 배치했다. 국왕의 모습은 뭔가 2퍼센트 부족하게 표현했고, 얼굴은 늘 취해 있는 듯이 그렸다. 똥배는 튀어나오고 얼굴 모습은 바보를 약간 면한 정도이다. 이상한 자세로 안겨 있는 아기는 권력을 유지하기 위해 친족 사이의 결혼을 추구했던 근친결혼으로 태어난 기형아의 모습이다. 그림에 나타난 모든 이들이 왕족다운 근엄한 모습이 전혀 없다. 더구나 그림에 표현된 인물의 수는 기독교 사회에서 피해야 하는 숫자 13이다. 이러한 무모하리만치 대담한 화풍으로 보수적인 가톨릭 사회에서 비난을 감내하는 줄타기를 해나갔던 고야였다.

또 다른 고야의 모습을 보자. 당대 최고의 초상화가로 이름을 날리며 권력을 지향함과 동시에 권력을 조롱하던 고야는 매우 외설적인 「옷 벗은 마하La maja desnuda」를 그리고 나서는 처벌을 받을까 두려워한 나머지 도로 회수하기도 했지만, 그가 가장 추구하던 바는 스스로의 쾌락 추구였다. 걸어다니는 색마라고 불릴 정도로 쾌락주의자였다. 돈과 권력과 재능을 한 몸에 가진 이 화가에게 고귀한 신분의 여성들은

고야, 「카를로스 4세의 가족」, 1800년경.

고야, 「옷 벗은 마하」, 1800년경.

너 나 할 것 없이 먼저 다가갔다. 고야는 이에 만족하지 않고 그들 중 한 명을 그림에 남겼다. 그것도 발가벗겨서 말이다. 「옷 입은 마하^{La maja vestida}」와 「옷 벗은 마하」는 이렇게 해서 탄생했다. 마하는 상류층을 상대로 하는 화류계 여성을 가리킨다. 가톨릭 사회에서는 세속 여성의 누드를 그리지 못하게 했는데 이러한 당시 관행을 어기고 그린 이 그림들로 고야는 종교재판에 회부되었다. 사실 이 사건의 실체는 이렇다. 옷을 입은 그림과 옷을 벗은 그림 둘은 누드화에 집착하여 누드화만 수집하던 재상 마누엘 데 고도이^{Manuel de Godoy y Álvarez de Faria}의 창고에서 발견되었는데 고도이는 사실 왕비의 정부였다. 더구나 재판에서 고야는 핑계 대기를 "내 애인"이라고 한 나머지, 과연 그 모델의 실물이 누구인가 하는 억측으로 온 사회가 들썩였던 것이다. 사실이 밝혀지지는 않았지만 가장 근접한 신상명세는 고야와 가까웠던 알바 공작부인^{Duchess of Alba}이었다. 훗날 알바 공작부인이 사망한 후에도 소문은 계속되었고 스페인 최고 명문인 알바 가문은 세간의 악평을 못 이긴 나머지 무덤까지 파헤쳐 검시관으로 하여금 신체 구조가 다르다는 전문가 의견을 발표하도록 하는 우스꽝스러운 일까지 일어났다.

화가는 생애 동안 주목받기 위해 또한 스스로의 변화를 모색하기 위해 작품성을 몇 번은 달리한다. 어느 날부터인가 고야의 화풍이 변해갔다. 무능한 왕권과 불안정한 사회는 또 다른 소재를 제공했다. 전쟁으로 인한 처참한 인간의 정신을 묘사하거나 절망을 느끼게 하는 어두운 상징들을 과감하게 표현했다. 다들 그가 귀머거리가 되어서 일어난 현상이라고 수군댔지만 사실 그는 멀쩡했다. 삶의 화려한 외면을 비웃는 대신 어둡고 불편한 인간의 내면에 집중하게 되었다. 초기의 밝은 빛깔이 사라지고 끝없는 암흑이 자리 잡았다. 밝음은 없어지고 어둠이 그의 화폭을 지배했다. 다른 사람들의 고통에 깊이 공감하게 되면서 그의 그림은 어둠을 지향했다. 지극히 어둡고 잔인함을 표현하고자 했다. 그러면서 그의 작품들은 대부분 매우 깊은 인간미를 띠게 되었다. 시대의 암흑을 정면으로 쳐다보면서 그려내는 것으로 고발했던 것이다. 같은 예술가인 베토벤도 청각을 상실했지만 그 속에서 꿈을 포기하지 않은 낙천주의자였던 데 비해 고야는 비관주의자에 더 가까웠다고 볼 수 있다.

이러한 화풍의 변화와 철학으로 말미암아 고야는 역사적인 그림 하나를 남겼다. 바로 「1808년 5월 3일El tres de mayo de 1808 en Madrid」이다. 인간이 다른 인간에게 저지를 수 있는 반인륜적 잔혹함을 기록한 그의 대표 작품이다. 나폴레옹 보나파르트Napoléon Bonaparte는 스페인을 점령했지만 1808년 5월 2일 마드리드 시민들은 일제히 프랑스 군대에 저항했다. 5월 3일

고야, 「1808년 5월 3일」, 1814년.

프랑스군은 저항에 대한 보복으로 반군들과 함께 수많은 시민들을 처형했다. 고야는 이 그림을 페르난도 7세Fernando VII가 다시 왕위에 복귀한 후에야 그릴 수 있었다. 이러한 역사적 사실을 배경으로 한 회화로서, 고야는 자신이 추구하던 작품 세계의 특징을 전부 보여주었다. 이제까지 없었던 가장 노골적인 이미지를 창조해내는 그에게 사람들은 의문을 던졌다. 그럼에도 고야는 일정 거리를 유지한 채 도덕성을 보여주었는데 두 손을 든 죽기 직전의 시민과 그 옆에 서 있는 사람의 모습을 보면 처절함이 그대로 묻어난다. 흰옷 입은 시민의 항거는 절규이며 관람자로 하여금 곧이어 쓰러질 것을 예상하게 하여 상상할 수 없는 비통함을 던져주고 있다. 어제 벌어진 항거는 무고한 우리 시민들의 항의인데 왜 그러느냐고, 어디 수도사인 나도 쏘아보라는 절규가 들리도록 그렸다. 수도사로서 두 손을 치켜든 모습은 십자가의 모습을 재현한 것이라고 볼 수도 있겠다.

이 그림은 유럽 화단에 일대 센세이션을 일으키며 다른 화가들에게 깊은 영감을 주었다. 이런 그림을 화가도 그릴 수가 있구나 하는 자신감을 흩뿌렸던 것이다. 엄청난 창조성의 가르침을 준 셈이다. 그 수혜자 중 하나가 이 그림의 구도와 비슷한 작품「한국에서의 학살Massacre in Korea」을 그린 피카소였다.

누드화 하나로 인상주의에 지대한 영향을 끼친 고야, 그리고 암담한 역사적 현실을 담아내어 미술계에 신선한 충격을 던진 고야. 그의 화가로서 일생은 19세기 말 유럽 화단의 커다란 이정표였다.

꿈꾸는 이상

빈센트 반 고흐

「고흐의 침실Van Gogh's Bedroom」로도 불리는 「아를의 침실 Bedroom in Arles」은 일본 우에노上野에 있는 '국립서양미술관國立西 洋美術館'의 설립과 관련된 스토리에도 나온다. 「아를의 침실」 은 아마도 고흐Vincent van Gogh(1853~1890)가 그린 해바라기 그 림들보다 복제 이미지가 더 많이 보급된 그림일지도 모른다. 고흐의 삶이 좌절로 점철되었다는 사실은 너무나 잘 알려진 이야기지만 그래서 그런지 고흐의 그림을 보노라면 사실 매 우 우울하다. 그림 하나하나마다 그가 좌절을 예술혼으로 승 화시킨 분노가 읽히기 때문이다.

「해바라기Sunflowers」「별이 빛나는 밤The Starry Night」을 보노라

고흐, 「자화상」 1887년.

면 그가 얼마나 이상을 꿈꾸었으면 표현이 저리 강하다 못해 누구나 실물처럼 상상하게 할 정도의 그림이 탄생했을까 싶다. 그러나 「아를의 침실」을 보면 한숨이 나온다. 작디작은 그만의 방에서 연민이 느껴지기 때문이다. 그는 철저하게 그 자신을 그렸다. 고흐는 화가의 생전과 사후가 보여주는 극명한 대조가 예술가의 일생임을 전형적으로 대변한 작가로 잘 알려져 있다. 고흐는 「아를의 침실」을 모두 세 점 그렸는데 첫 번째 그림은 1888년 10월 남프랑스의 아를^{Arles}에서 고갱을 기다리며 그린 것이다. 이 책에 실린 그림은 세 번째 그림으로 1889년 신경쇠약을 일으켜 생레미^{Saint-Remy}의 요양원에 머무르며 어머니를 위해 그린 작품이다. 세 가지 버전 모두 비슷하지만 약간씩 표현에서 차이가 있다. 바로 이 그림을 완성하고 고흐는 열 달 후 스스로 목숨을 끊었다.

이 그림에는 모든 사물이 두 개씩이다. 주전자도 두 개, 의자도 두 개, 베개도 두 개다. 고갱과의 우정을 갈망하던 고흐는 이렇게 자신의 희구를 그림으로 남겼다. 원래 그림에 나오는 일부 사물의 색깔은 흰색이었지만 고흐는 노란색을 좋아했으므로 따뜻한 노란색으로 색깔을 바꿨다. 고흐는 언제나 강렬한 색을 좋아했다. 그리고 붓칠을 상당히 두껍게 했으며 그림을 완성하는 속도도 상당히 빨랐다. 고흐의 그림을 보노라면 노란색이 상당히 많은 것을 알 수 있다. 훗날 압생트^{absinthe} 술을 너무 좋아해서 노란색으로 착시되었다는 설도 나왔으나 사실이 아닐 수도 있다. 이 때문에 파리에 있는 동생 테오에게 물감을 더 보내달라는 서신을 자주 보내곤 했다. 고흐 그림의 특징 하나는 그림에 나타나는 윤곽선이다. 사물의 가장자리를 반드시 채웠다. 고흐는 당시 서양에 들어온 일본 목판화의 영향을 가장 먼저 받은 화가로서 일본 목판화의 단순한 디자인, 가파른 원근법을 사용하고 그림자를

고흐, 「아를의 침실」, 1889년.

생략하는 등의 특징을 보인다. 이러한 면면이 고흐 작품 속에 잘 드러나 있다.

고흐는 수많은 직업을 전전하면서 실패를 달고 살았다. 아버지는 목사였다. 1864년 빈센트는 부모와 떨어져 기숙학교에 다녔는데 가난으로 15세 때 학교를 그만두었다. 1869년 빈센트는 숙부가 운영하는 구필 화랑Gallery of Goupil & Co 헤이그 지점에서 판화를 복제하여 판매하는 일을 시작했다. 당시 빈센트는 모범적이고 성실한 청년으로 인정받았다. 1873년부터는 빈센트의 동생인 테오도 구필 화랑 브뤼셀 지점에서 일하게 되었다. 1873년 3월 빈센트는 구필 화랑 런던 지점으로 발령받아 헤이그를 떠나 영국에 머물렀으며 1875년부터는 파리 지점에서 일했다.

그림에 관심을 보인 고흐는 단순하고 소박한 화풍을 선호하던 당시 미술시장의 경향과는 달리 기이하고 엄숙한 종교화에 집착을 보였다. 고객들은 그를 '촌뜨기 네덜란드인'이라고 경멸하기 일쑤였는데 결국 그는 첫 직장이던 화랑에서 해고되었다. 더구나 빈센트는 런던에서 신비주의에 빠져 화랑 일을 소홀히 했는데 당시 그에게는 오로지 하느님밖에 없었으며 그는 이 때문에 화랑에서 해고된 것이다. 성직자의 길을 열망하던 빈센트는 할아버지와 아버지를 따라 목사가 되기로 결심하고 신학대학에 들어가기 위해 공부에 전념했다. 하지만 신학대학 입시에 낙방했고 전도사 양성 학교에서도 거부당했다. 결국 광신도적인 기질과 격정적인 성격 때문에 목회자의 길은 실패하고 말았다.

1880년 실의에 빠진 빈센트는 그동안 계속해온 습작을 바탕으로 그림 그리는 일이 자신을 구원하는 길이라 믿고 화가가 되기로 결심했다. 빈센트는 미술 공부를 위해 다시 파리로 갔다. 드로잉에 관한 기초 지식이 부족했던 그는 라파르트라는 5살 아래의 미술학도에게 드로잉을 배웠다. 이후 빈센트의 외사촌이자 헤이그화파Hague School의 유명한 화가였던 안톤 마우베Anton Mauve의 화실에서 유화를 그리면서 본격적인 미술 수업을 받았다. 하지만 과격한 성격으로 어떠한 비판도 받아들이지 않았으며 작은 충고에도 심각한 상처를 입곤 했다. 그런 성격 때문에 안톤 마우베와도 절교했다. 그러는 가운데 빈센트는 시엔Clasina Maria "Sien" Hoornik이라는 매춘부와 동거하며 지냈는데 그녀는 알코올중독에 매독 환자였다. 빈센트의 가족은 그가 시엔과 지내는 것을 매우 우려했고 동생 테오는 그녀와 헤어지기를 강요했다. 빈센트는 그녀와 헤어지는 것을 심히 괴로워했으나 생활비를 줄이고 그림에 전념하기 위해 그녀를 저버렸다. 빈센트는 이 때문에 양심의 가책으로 오랫동안 고통받았다.

마침내 빈센트는 브뤼셀, 헤이그, 앙베르 등지에서 본격적

고흐, 「해바라기」, 1889년.

으로 그림을 그리는데 언제나 노동자, 농민 등 하층민의 생활과 풍경을 그렸다. 1886년 화상 점원으로 일하고 있던 동생 테오를 찾아서 파리로 나온 빈센트는 인상파의 밝은 그림과 일본의 우키요에浮世繪를 접하면서 화풍이 어두운 감각에서 밝은 톤으로 바뀌고 정열적으로 작품을 그린다. 그러고는 이내 대도시의 생활에 싫증을 느껴 1888년 2월, 더 밝은 태양을 찾아서 아를로 이주했다. 아를로 이주한 뒤부터 사망할 때까지 약 2년 반은 고흐 예술의 개화기였다. 그곳의 밝은 태양을 너무 좋아해「해바라기」같은 걸작을 그렸다. 새로운 예술촌 건설을 꿈꾸며 고갱과 베르나르Émile Bernard에게 그곳으로 올 것을 끈질기게 권유한 끝에 고갱과 공동생활이 시작되었으나 둘은 성격 차이가 심했다. 12월 들어서 빈센트는 신경쇠약 발작을 일으켜 고갱과 다툰 끝에 면도칼로 자신의 왼쪽 귀를 전부 잘라버렸다. 그 후는 발작과 입원의 연속이었으며, 발작이 없을 때는 그 공백을 메우기라도 하려는 듯 마구 그려댔다. 이 좌절로 이루어진 그의 인생 스토리 배경이 그의 창작혼을 불태운 원동력이었다고 할까? 고흐는 해바라기 그림을 모두 7점 그렸다. 해바라기 3개짜리 그림 1점, 5개짜리 1점(이 작품은 소실되었다), 그리고 12개짜리가 2점, 15개짜리가 3점이며, 화병에 들어 있는 해바라기 그림들은 1888년 아를에서 그린 것이다. 이것들 모두 고갱과 깊은 관련이 있다. 고갱은 고흐로부터 파리에서 그린 해바라기 그림 2점을 얻었다.

반 고흐는 이상을 꿈꾼 화가였다. 동생 테오에게 쓴 편지에 그것이 잘 나타나 있다. "옅은 남보라색 벽과 생기 없어 보이는 바닥, 신선한 버터 같은 노란색 침대와 의자, 라임색 시트와 베개. 녹색 창문, 오렌지색 사이드 테이블, 푸른 세숫대야, 라일락 색깔 문 같은 다양한 색들은 충분한 휴식을 표현하기에 족할 것이다."

셀프 마케팅 천재

살바도르 달리

살바도르 달리$^{Salvador\ Dalí}$(1904~1989)의 작품을 감상하는 이들은 이렇게 생각하기 쉽다. '시계가 늘어졌네? 참 재미있게 표현했군.' 살바도르 달리의 작품 「기억의 지속$^{The\ Persistence\ of\ Memory}$」을 두고 하는 말이다. 달리는 이른바 '초현실주의' 작가의 대표격이다. 이성의 간섭 없이 논리에 지배되지 않고 드러나는 절대적인 현실성, 익숙한 일상의 이미지를 뚝 떼어내어 엉뚱한 곳에 가져다 놓고는 낯설게 만드는 것, 이른바 데페이즈망^{dépaysement} 운동으로 많은 작가들이 그의 뒤를 따랐다. 데페이즈망은 비합리적이고 자유로운 상상을 추구하며 무엇보다 그동안 가려 있던 무의식의 영역을 작품 세계

살바도르 달리, 1939년.

로 들여놓은 운동으로, 달리의 작품 속에서 극치에 다다른 세밀한 묘사력을 볼 수 있다.

달리는 꿈을 꾸는 듯한, 현실에서는 시각으로 나타날 수 없는 기묘함을 그려낸 작가다. 그는 특히 무의식적인 사고나 행위에서 비롯되는 비이성적 연상 작용 등에 관심을 가졌다. 이에 따라 달리는 개인적으로도 기인에 가까운 심리 상태를 가진 작가로도 유명했다. 마드리드의 미술학교 재학 시절에는 퇴학당하기도 했고, 그를 초현실주의 작가로 이끈 폴 엘

뤼아르Paul Éluard의 부인인 갈라Gala를 자신의 여자로 만들기 위해 온갖 기행을 거듭하다가 아버지와 의절하기도 했다. 이러한 그의 심리 상태가 작품으로 탄생했다. 1931년 완성한 「기억의 지속」은 초현실주의 그룹이 뉴욕에서 전시할 때 처음 소개되었는데, 이 작품으로 달리는 유명세를 타는 작가가 되었다.

예술가로서만이 아니라 삶에서도 괴짜였던 화가 달리는 영화 「안달루시아의 개Un Chien Andalou」를 제작하면서 초현실주의에 가담했다. 이 영화는 면도칼로 베이는 눈알, 당나귀 시체를 올려놓은 피아노, 개미가 들끓는 구멍 뚫린 손바닥 같은 괴이한 영상이 교차하는 등 달리의 예리한 감각이 나타나는 후기 전위영화의 대표작이라고 일컫는 작품이다. 달리 스스로 "편집광적이자 비판적 방법"이라고 부른 그의 창작 수법은 비정상적이고 비합리적인 환각을 객관적이며 사실적으로 표현하고자 시도한 것이다. 그는 하나의 대상을 다른 이미지로 보는 착각을 이용했다. 말이 여인의 나체로 보인다거나 하나의 풍경이 사람의 얼굴로 보인다거나 하는 중복되는 상을 표현했다. 달리는 "그림이란 수많은 비합리적 상상력에 의해서 만들어지는 천연색 사진이다"라고 정의하고 환상을 객관적이며 사실적으로 표현했다. 현대는 인간의 내적 상상력을 제어하고 인간의 추억이나 향수, 신앙, 꿈 등을 매

달리, 「우주 코끼리Space Elephant」, 1980년. ⓒksl / Shutterstock.com

도하는데, 달리는 이러한 상상력들을 해방시키기 위해 편집 광적 비판 방법을 구사하여 자신만의 길을 열었던 것이다.

또한 달리는 그의 그림처럼 독특한 옷차림과 용모 그리고 언변으로 20세기의 가장 특이한 화가라는 별칭을 얻었다. 이 점과 관련하여 필자는 달리를 위대한 마케팅 전문가라고 평한다. 예술가의 성공 전략이 과연 필요한지 여부는 뒤로 하고 달리 그 자체가 셀프 마케팅 교과서였기 때문이다. 그는 가장 공격적인 그만의 홍보 전략을 구사했다. 그중 하나가 바로 자서전 전략이다. 달리는 자서전을 통해 그림에서 이해할 수 없는 작업 방식 등을 알렸다. 더욱이 자서전이 더 잘 팔리도록 책 내용을 자위행위, 성 체험, 연상인 유부녀 갈라와의 운명적인 사랑, 그의 독특한 예술관 등 가능한 한 독자의 호기심을 최대한 자극하도록 서술했다. 물론 그는 글도 잘 썼다. 둘째는 그만의 튀는 행동이다. 달리는 1936년 런던의 초현실주의 전시회 개막식에 참석한 많은 예술가들을 제치고 일약 뉴스의 초점이 되었다. 잠수복과 잠수모자, 납 단추가 달린 장화 차림에, 단검 두 자루를 벨트에 꽂고, 머리에는 벤츠 자동차의 냉각 캡을 쓴 채 하얀색 그레이하운드 두 마리를 끌고 참석했다. 달리는 호텔에 전용 브리핑 룸을 만들고, 기자회견장에는 삶은 가재를 머리에 얹고 나타나기도 했다. 그는 외모란 가장 쉽게 타인의 관심을 끌 수 있는 방법으로 판단했던 것이다. 벨라스케스의 초상화에 나오는 펠리페 4세^{Felipe IV}의 콧수염을 원용하여 익살스럽고 그만의 개성적인 외모를 선보였다. 이를 두고 사회에서는 그를 기인이라고 치부했지만 보통 사람들은 내가 하지 못하는 것을 해내는 그런 달리를 보고 대리 만족할 수밖에 없었다. 누구나 환상을 가지고 있지만 이를 실행하는 사람은 없기 때문에 그러한 점이 달리를 좋아하게 만들었던 것이다. 다시 말해 그는 화가로서의 생존 방법이 달랐던 셈이다. 인상주의 등장 이후 피카소와 더불어 20세기 미술에 가장 큰 발자국을 남긴 작가가 바로 살바도르 달리다.

살바도르 달리. ⓒOlena Z / Shutterstock.com

그의 그림들은 무의식에 의존하며 심리학에서 차용한 이미지들을 활용하여 불안과 모순, 공포, 절망 등과 같은 심리 상태를 마치 꿈속에서 보는 것처럼 숨김없이 드러내고 있다. 재능과 창조적인 상상력을 회화에 국한하지 않고 영화, 연극, 가구와 보석 디자인, 디스플레이, 패션 등 다양한 분야에서 발휘해 폭넓은 영향을 미쳤다. 초현실적인 달리의 작품을 이해하기 위해서는 그가 심취했던 지그문트 프로이트의 심리학에 대해 알아볼 필요가 있다. 프로이트는 인간의 무의식에 기초하여 삶의 욕구와 죽음의 욕구, 인간의 욕망에 대해 연구한 심리학자였다. 그는 꿈이란 무의식을 엿볼 수 있는 통로로 보았는데 달리 역시 꿈에 대해 많은 관심을 가지고 있었으며 그런 관심이 그의 작품에 잘 드러나 있다. 꿈에서 보았던, 꿈에서나 볼 수 있는 비현실적이고 신비로운 형체를 작품에 그려내곤 했다.

「기억의 지속」에서 늘어진 생물과 시계들은 성적인 상징을 갖고 있으며 죽음을 상징하는 개미들이 시계 옆에 위치하여 시간의 흐름과 함께 기억의 옆에는 언제나 죽음이 도사리고 있다는 메시지를 보여준다. 획기적인 그의 작품들은 꿈과 초현실에 근거하고 있어 이해하기 어려운 이미지일 수도 있다. 그림을 보면 바다와 해안선, 항구와 절벽 풍경이 보인다. 앙상한 나뭇가지와 각진 모서리, 그리고 감은 눈을 연상시키는 바닥의 신체 일부에는 녹아 흘러내리는 시계가 걸쳐 있고, 왼쪽 아래에 놓인 주황색 회중시계에는 개미 떼가 몰려 있다.

달리의 고향인 바닷가 마을을 배경으로 한 이 작품에는 그의 무의식이 반영되어 있다고 해석하는 것이 일반적이다. 여기서 등장하는 시계는 과거의 자신과 그의 억눌린 욕망을 보여주는 것으로, 그의 가족사와 성적 욕망이 포함되어 있다. 그래서 이 시계는 현실 세계와는 달리 견고한 모습이 아니라 녹아내리는 형상을 지니고 있는 것이다. 녹아내리는 시계들이 사막 풍경에 널려 있는 이미지에서 늘어진 시계는 카망베르camembert 치즈에 대한 꿈에서 비롯된 것이라고 일반적으로 해석한다. 근대의 상징으로서 시계는 시간 흐름의 선형성을 단적으로 상징하는데, 달리는 멈춘 시계를 통해 선형적 시간의 붕괴를 보여주었다고 할 수 있다. 전체적으로 구성요소들을 왜곡하여 소멸에 대해 인간이 가지고 있는 신비로운 의식을 드러낸 셈이다. 달리는 우리에게 시간이란 객관적인 것이 아니라 주관적인 것임을 보게 했다. 달리 작품 중 대표작인 이 회화는 전통적인 지식을 넘어서 시간에 대한 리얼리티를 표현하고 있는데 시간이란 인간의 인식에 따라 크게 변할 수 있다는 것을 암시하고 있다.

젊은 시절 달리는 피카소의 영향을 직접 받았고 미로와의

달리, 「시간의 숭고Nobility of Time」, 1977년. ©Byelikova Oksana / Shutterstock.com

접촉을 통해 초현실주의 화가들과도 인연을 맺으면서 본격적인 활동을 시작했다. 그 외에도 큐비즘, 미래파 등으로부터 받은 영향으로 나름의 독특한 회화를 창조해냈다.

사실 묘사 개척

카라바조

카라바조^{Michelangelo da Caravaggio}(1571~1610)는 바로크시대의
문을 열었다. 그의 대표작 가운데 하나인 「엠마오에서의 만
찬^{Cena in Emmaus}」은 매우 극적인 스토리를 들려주는 작품이다.
그리스도는 십자가에 못 박혀 죽었으나 부활했다. 예수의 죽
음으로 실의에 빠져 있던 제자 둘이 엠마오로 가고 있을 때
한 낯선 나그네가 합류했다. 이들은 엠마오에 도착해서 어느
여인숙으로 들어갔고 피곤한 나머지 저녁 식탁에 둘러앉았
다. 저녁을 들기 전 그 나그네는 빵을 들어 축복을 했는데 바
로 그때 제자들은 이 나그네가 예수 그리스도인 것을 알아
차렸다. 예수는 최후의 만찬에서 행했던 것과 마찬가지로 축

복했는데 카라바조는 바로 이 순간의 장면을 화폭에 옮겼다.

　이 그림 속 하나하나에는 다양한 상징적인 의미들이 포함되어 있다. 식탁 위에 차려진 빵과 포도주는 그리스도의 몸과 피를 상징한다. 열세 명이 식탁 앞에 앉은 「최후의 만찬 Ultima Cena」과는 달리 「엠마오에서의 만찬」은 세 사람의 조촐한 식사이므로 「최후의 만찬」의 축약판으로 볼 수 있다. 이 그림에 등장하는 반신상의 인물들은 거의 실물 크기여서 런던 내셔널 갤러리에 있는 이 그림 앞에 서서 작품을 감상하다 보면 예수와 저녁 식사를 함께하는 듯한 착각에 빠질 수도 있다.

비록 당시 비평가였던 조반니 벨로리Giovanni Pietro Bellori가 그리스도는 봄에 부활했는데 그림 속에는 계절에 맞지 않는 가을 과일이 있음을 지적하기도 했지만 다른 미술사학자들은 이를 괘념치 않고 탁상의 정물에서 갖가지 상징적 의미들을 읽어냈다. 갈라진 사과와 무화과는 원죄를, 석류는 부활을 상징하므로 이 양자를 대비시켜 그리스도의 희생과 부활이 과일 바구니에 드러나 있다고 해석했다. 바구니의 불안한 모습은 음식의 허망함을 강조한다. 그 뒤에는 커다란 통닭구이가 있는데 이 또한 곧 없어질 지상의 음식이다. 그림 앞쪽과 오른편의 빵은 예수가 축복하고 가른 중앙의 빵과 대비된다. 즉 이 테이블에서는 앞쪽에서 안쪽을 향해 육체에서 영혼으로, 소멸에서 영원으로 향하고 있다고 해석한다. 이는 「요한복음」 6장 27절의 구절에 나와 있다. "썩는 양식을 위하여 일하지 말고 영생하도록 있는 양식을 위하여 하라." 그리고 이어지는 51절의 "나는 하늘에서 내려온 살아 있는 떡이니 사람이 이 떡을 먹으면 영생하리라 내가 줄 떡은 곧 세상의 생명을 위한 내 살이니라"라는 구절을 상기시킨다. 이 그림에서 카바라조는 구멍 난 의복, 상한 과일들을 표현하며, 왼쪽에 그려져 있는 성경에 등장하는 인물(「누가복음」24장 18절) 글로바(클로파스Clopas)는 놀라 자빠지려고 하는 모습으로 표현하고 이교도 여인숙의 주인 얼굴은 무표정하게 표현하여 상대적으로 극적인 상황을 연출했다. 그리고 그리스도 뒤의 그림자를 그려 예수가 당한 암울한 일들을 표현하며, 손이 튀어나오는 듯한 단축법을 사용했다. 식탁 가장자리에 과일 바구니를 배치하되 떨어질 듯 말 듯이 표현한 것 역시 단축법의 사용이다. 『성경』 속에서 예수의 제자들은 언제나 가난한 농부 아니면 노동자였다. 따라서 왼쪽 밑 농부의 손을 거칠게 표현했다.

카라바조 그림의 특색은 사실주의와 상징들을 하나로 묶어놓는 데 있다. 그의 어느 그림을 봐도 어떠한 상황 연출이라는 점을 이해하게 만든다. 빛을 사용하여 사실을 두드러지게 표현하고 극적인 묘사를 즐겨 했다. 사실주의만으로는 이해하기 어려우므로 표현의 왜곡과 인위적인 상징들이 함께 어우러지게 함으로써 사실주의를 완성시켰다고 볼 수 있다. 카라바조는 모세와 선지자 등 『성경』에 쓰인 구세주와 관련된 모든 이야기들을 이와 같이 사실적으로 명확하게 설명해 주었다.

미켈란젤로가 태어나고 7년 후 또 다른 미켈란젤로가 태

카라바조, 「엠마오에서의 만찬」, 1601년.

어났는데 그가 바로 카라바조다. 르네상스의 거장으로는 미켈란젤로와 더불어 카라바조를 꼽는다. 카라바조는 신성하고 근엄한 종교화가 절대적으로 대세이던 르네상스 말기에 기존의 관습을 부정하고 파격적인 종교화를 그렸다. 그의 작품 속에 등장하는 『성경』 속 인물들의 모습은 전혀 성경적이지 않다. 초췌한 모습, 때가 긴 모습, 오르가슴을 느끼는 듯한 모습 등으로 신 중심의 세계관에서 벗어나 인간 중심의 세계를 열며 세속적이고 사실적인, 다시 말해 근대가 시작되었음을 알리는 선각자 화가로서의 의도가 배어 있는 그림을 그렸다.

1600년에 카라바조는 많은 찬사를 받았다. 하지만 순수주의자들은 그가 정규 교육을 받지 못했고 사전에 밑그림을 그리지 않는다고 비판했다. 그는 캔버스에 직접 스케치를 하고 그 위에 바로 그림을 그렸다. 그는 종교화들을 주문받아 제작했는데, 그중 일부는 묘사가 지나치게 사실적이라는 이유로 거절당했다. 그는 그림자의 대비를 잘 표현했고, 근대적 사실[주의]의 길을 개척했다. 등장인물들의 수를 줄여 더 확실하게 효과적으로 표현하기 시작했으며 사실적이고 정교하게 묘사함으로써 진실함과 자연스러움을 추구했다. 카라바조는 가장 자연스러운 자연을 지향했기 때문에 그의 회화는 자연주의적이라고 말할 수 있다. 모델을 자연에 충실하게 재현해내고, 가장 쉽게 다가가지는 소박한 민중들을 주인공으로 많이 표현했다. 또 다른 특징으로는 빛에 의한 그림자와 음영을 두드러지게 표현한 것이다. 그래서 카라바조의 인물들은 인상이 매우 입체적이고 강렬하다.

천재적 상상력

레오나르도 다 빈치

레오나르도 다 빈치Leonardo da Vinci(1452~1519)에 대한 주제어로 무엇이 적당할지를 놓고 고민하다가 과학성과 상상력의 천재 또는 투철한 창작 정신의 결정체 둘 중 하나를 고르려고 시간을 허비했다. 둘 다 쓰고 싶었다. 레오나르도 다 빈치의 「모나리자Mona Lisa」는 세계에서 가장 유명한 그림으로 꼽힌다. 「라 조콘다La Gioconda」라고도 불리는 「모나리자」, 16세기 이탈리아 르네상스를 대표하는 절세의 명작으로 누구나 알고 있는 그림이며 현재 프랑스 국가 소유로 루브르 미술관에 소장되어 있는 그림이다.

1503년 레오나르도 다 빈치는 「모나리자」를 그리기 시작

프란체스코 멜치Francesco Melzi, 「레오나르도 다 빈치」, 1510년경.

했는데 미켈란젤로의 친구이자 작가인 조르조 바사리Giorgio
Vasari의 글에 따르면 다 빈치는 이 그림을 그리기 시작하고
부터 4년간에 걸쳐 수정에 수정을 거듭했고 결국 미완성인
채 남겨두었으며 3년 후 프랑스로 이주 후 다시 그리기 시
작하여 사망하기 직전인 1519년이 되어서야 완성한 것으로
전한다. 「모나리자」는 원래 그리 유명한 그림이 아니었다.
1800년대 중반이 되어서야 알려지기 시작했다. 사실 「모나
리자」는 부유한 실크 포목상인 프란체스코 델 조콘도Francesco

del Giocondo의 부인 리자^{Lisa}의 모습으로 그들의 둘째 아들 득남과 새 집 이사를 기념하기 위한 그림이었다. 이탈리아어로 마돈나^{madonna}는 'mia donna'의 준말로 '나의 부인'이라는 뜻인데 이는 다시 'mona'라는 단어로 줄여 표현된다. 즉 '모나'는 '마돈나'이므로 '나의 부인 리자'라는 뜻으로 해석하면 맞다.

리자는 가난한 농부의 맏딸로 태어나 약 20년 연상의 홀아비 조콘도에게 시집갔다. 결혼생활에서 그녀는 여러 자식을 얻고 또한 남편의 사업도 번창하여 일상의 행복을 만끽한 유복한 여인이었다. 남편 조콘도는 자신의 홍복이 바로 부인 리자 덕분이라 생각하여, 저택 현관에 그녀의 초상화를 걸고 그 집을 방문하는 모든 사람에게 가정에 대한 그녀의 공덕을 알리고 싶었다. 그리하여 당대 최고의 화가에게 부인의 초상화를 의뢰했던 것이다. 모델로서 앞에 앉은 그녀의 모습에서 다 빈치가 발견한 것은 바로 행복한 여인의 모습이었다. 훗날 그녀는 피렌체의 안톤마리아 디 놀도 게라르디니$^{Antonmaria\ di\ Noldo\ Gherardini}$의 딸임이 판명되었다. 따라서 본명은 리자 게라르디니$^{Lisa\ Gherardini}$이다.

「모나리자」는 오래된 그림 중 가장 보관이 잘 되어온 작품이다. 500년을 견뎌온 훌륭한 목재 프레임과 함께 보관되어 왔다. 「모나리자」는 현재 가장 많은 복제품이 유통되고 있는

레오나르도 다 빈치, 「모나리자」, 1503~1519년경.

작품이기도 하다. 1911년 한때 도난당했으며 1956년에는 황산 세례를 받아 반달리즘을 대표하는 사건으로 기록되어 있다. 현재는 파리 루브르 미술관에서 방탄유리에 둘러싸인 채 전시되고 있다. 루브르에서 사람들이 가장 많이 모인 곳을 찾으면 그곳이 바로 「모나리자」가 놓인 자리이다.

다 빈치는 고국 이탈리아가 아닌 프랑스에서 사망했다. 그는 어릴 때부터 수학을 비롯한 여러 가지 학문을 배웠고, 음악에 재주가 뛰어났으며, 유달리 그림 그리기를 즐겨 했다. 그래서 1466년 피렌체로 가서 부친의 친구인 안드레아 델 베로키오^{Andrea del Verrocchio}로부터 도제 수업을 받았다. 그곳에서 인체 해부학을 비롯하여 자연 현상의 예리한 관찰과 정확한 묘사력을 습득하여 사실주의의 교양과 기교를 갖추었다. 다 빈치의 특색인 깊은 정신적 내용의 객관적 표현은 그의 사실적 표현 기교 구사에 의해서만 가능했다. 다 빈치는 사실상 15세기 르네상스 화가들의 사실 기법을 집대성하여 명암에 의한 입체감과 공간의 표현에서 가장 앞선 경지에 다다랐다. 이에 따라 점차 15세기적 요소를 극복하고, 조화라는 고전적 예술 단계에 도달했다. 르네상스의 가장 훌륭한 업적, 즉 원근법과 자연에 대한 과학적인 접근, 인간 신체의 해부학적 구조, 이에 따른 수학적 비율 등이 그에 의해 완성되기에 이르렀다.

「모나리자」는 조콘도 부인의 나이 24~27세 때 초상으로, 레오나르도는 프랑스 국왕 프랑수아 1세^{François I}의 초청을 받았을 때 이 미완성 초상화를 가지고 갔다. 그 후 왕에게 금화 4,000에퀴^{écu}에 팔려 퐁텐블로 성에 수장되었다. 이후로 자주 세척과 광택용 니스 칠을 했던 까닭에 그림 전체에 균열이 생겨 제작 당시의 시원스럽고 여유 있는 필치를 볼 수 없게 되었지만 조르조 바사리는 다음과 같이 평했다. "물감으로 그린 것이 아니라 진짜 사람의 살로 보이는 입술의 붉은색 때문에 입과 얼굴의 피부색이 이어져 있다. 목덜미의 움푹 파인 것을 보면 맥박이 뛰고 있다고 믿을 정도다."

다 빈치가 서양 예술사에 오래도록 남을 수 있었던 이유는 사고의 방향이 언제나 자연과학적이었다는 데 있다. 그는 실제로 인체 해부를 통해 인체의 많은 부분을 직접 관찰해냈다. 다 빈치는 인간의 태아를 최초로 그린 사람이기도 하다. 생전에 완성한 그림이 얼마 되지 않고 성격이 괴팍하기는 했지만 그림 실력 하나만큼은 천재적이었다. 그의 스승 안드레아 델 베로키오도 당시 유명한 화가였지만 자신이 그리던 「그리스도의 세례」에 다 빈치가 몇 가지만 덧붙인 솜씨를 보고는 "다시는 물감에 손대지 않겠노라"고 맹세하고 재능이 넘치는 도제에게 더 많은 그림을 위임한 채 자기는 수익성 높은 조각상 제작에 전념했다는 이야기가 전한다.

베로키오·다 빈치, 「그리스도의 세례」, 1475년경.

사생아로 태어나서 어머니가 재혼을 했으므로 레오나르도는 다섯 살 때부터 아버지 집에서 자랐다. 시골에서 유년 시절을 보내고, 피렌체에서 지내는 동안 예술과 과학에 천재적인 재능을 보였지만, 동성애로 인해 감옥 생활도 했을 만큼 명예와 오욕이 교차하는 삶을 보냈다. 조금은 기괴한 행동을 하므로 주변 사람들로부터 따돌림을 당했고, 노년에 접어들어 시력이 약해짐에 따라 색에 대한 판단력마저 흐려지면서 무척 외롭게 지냈다고 한다. 결혼도 하지 않고, 오로지 연구에만 빠져 살던 삶이었다. 아버지는 네 번이나 결혼하면서 그의 밑으로 12명의 동생을 두었으며 사망할 때 레오나르도에게는 유산을 남겨주지 않았다. 레오나르도는 말년에 죽으면서 자신의 재산권을 연인이자 제자인 프란체스코 멜치Francesco Melzi에게 남겼다.

전통 타협 거부

에두아르 마네

에두아르 마네 $^{Édouard\ Manet}$ (1832~1883) 대표작으로는 마네의 유언장이라고도 불리는 걸작 「폴리베르제르의 술집 $^{Un\ Bar\ aux}$ $^{Folies-Bergère}$」과 「풀밭 위의 점심 $^{Le\ déjeuner\ sur\ l'herbe}$」이 있다. 마네는 인상파 전시회에 작품을 거의 내지 않았다. 그러나 마네만한 인상파 화가도 없다. 1882년 살롱에 출품한 「폴리베르제르의 술집」, 이 그림에서 마네는 한 가지를 완성한다. 바로 파리라는 도시가 근대성의 집합체라는 사실을 이 한 그림 속에 파노라마처럼 펼쳐 보였기 때문이다. 이 그림은 마네만의 상징적인 걸작이다.

'폴리베르제르'는 19세기 말 유명했던 파리의 카페로 각

에두아르 마네, 1874년.

종 사회계층의 사람들과 예술가들이 모여 먹고 마시던 공간이었다. 저명한 사람들을 언제나 볼 수 있는 곳이면서 스스로를 남에게 보이고자 누구나 즐겨 가던 곳이었다. 레스토랑과 극장, 주점이 결합된 곳으로 매일 밤 수천 명의 상류층들이 즐겨 찾던 유명한 유흥업소였다. 이 그림에서 화폭의 중심인물로 잠시 쉬고 있는 쉬종^{Suzon}이라는 이름의 여급이 서 있는데, 술집의 화려한 분위기 속에서 쉬종의 고즈넉한 분위기는 보는 이로 하여금 무한한 상상력을 이끌어낸다. 그녀

마네, 「폴리베르제르의 술집」, 1882년.

앞에는 샴페인과 맥주 같은 술병들이 보인다. 샴페인은 상류
층의 주류이고 삼각형 라벨이 붙어 있는 바스[Bass] 맥주는 노
동자계급이 마시던 술이다. 쉬종 앞에는 한 신사가 있는 것
을 알 수 있는데 정면에 서 있는 쉬종의 뒤쪽 두 인물은 거울
에 비친 상으로 현실적으로는 쉬종 앞에 위치한 것이다. 마
네는 의도적으로 쉬종의 위치를 세 번 반복해서 그린 것이
다. 쉬종의 눈빛에서 뭔가 모를 어색함이 엿보이는 것을 통
해 현실의 모습을 그렸지만 현실 그대로를 그리지 않고 인
위적으로 그렸다는 의미를 그림 속에 남기고 싶었다고 판단
된다. 이 부분은 당시 많은 논쟁을 불러 일으켰다. 평론가들
중 일부는 이 그림 속 노신사를 마네 자신이라고 평하기도
했다. 병들어 마무리되어가는 자신의 인생이 자기가 좋아했
던 파리의 삶처럼 화려하고 즐거웠지만 쉬종처럼 우울하고
고독했다는 사실을 남기고자 했다는 것이다. 이 그림을 완성
하고 마네는 세상을 떠났다.

그림이란 감상자가 화폭을 보는 순간 갑자기 어떤 느낌
이 들게 하기도 하지만 마네의 그림은 상상력을 총동원하게
만들면서 한눈을 팔지 못하게 한다. 그의 그림은 단순하지
만 매우 인상적인 화면 구성을 보여준다. 바로 전성기 마네
의 그림에서만 볼 수 있는 화면 배치와 구성의 특징이다. 공
간 배치를 효율적으로 구사했으며 화면을 자연스럽게 분할

하는 기법을 도입했다. 마네는 늘 자신에게 친숙한 공간들을 그렸다. 느긋하고 한적한 시골집보다는 대도시에서 느껴지는 혼잡함과 그 주변 삶을 더 좋아했다. 대부분의 작가들이 많은 그림에서 그림자를 그리는 데 비해 마네의 그림에서는 그림자를 볼 수 없는 특징을 보였다. 또 마네는 검은색을 즐겨 사용했다.

마네의 그림은 그가 비록 모네, 르누아르 등과 친하게 지내긴 했어도 보수적인 파리 예술계에 파문을 불러일으키곤 했다. 대표적인 파문 대상 그림이 바로 「풀밭 위의 점심」이다. 1863년 파리 화단에서는 대사건이 일어났다. 환한 대낮에 부르주아들이 벌거벗고 매춘부와 함께 노는 그림이 대중에게 공개된 것이다. 곧이어 충격, 분노, 비난이 쏟아졌다. 이 그림은 낙선작 전시회인 '살롱 데 레퓌제^{Salon des Refusés}'에서 전시되었다. '살롱 데 레퓌제'는 1863년의 살롱전에서 출품작 5,000여 점 중 3,000여 점이 낙선하는 일이 벌어져 편파적인 기준에 의한 선정이라는 항의가 뒤따르자 나폴레옹 3세^{Napoléon III}까지 나서서 낙선 작품들을 별도로 전시할 것을 명령한 데 따라 기획된 전시였다. 낙선작들은 쓰레기라는 주최 측 설명과는 반대로 악평을 받을수록 대중의 인기는 도를 더해갔는데 이 낙선작 전시회에서 모든 이들의 관심은 전람회 정중앙에 걸려 있는 작품에 쏠렸다. 부유한 계급으로 보

마네, 「풀밭 위의 점심」, 1863년.

이는 부르주아 남성들이 벌거벗은 여인과 도심의 풀밭에서 점심을 들고 있다. 누가 보아도 창녀의 모습인 그녀는 이 그림을 쳐다보는 사람들로 하여금 창녀가 자기를 쳐다보고 있는 것처럼 느끼게 하여 감상자들을 순간 당혹하게 만든다. 어느 각도에서 보아도 그녀는 보는 이를 쳐다보고 있는 것이다. 심지어 발바닥까지 쳐다보게 만들면서 보는 이로 하여금 얼굴이 붉어지게 만든다. 혹평의 한가운데에 섰던 그림이었지만 마네의 인기는 하늘을 찔렀고 이 그림을 보기 위해 관람자들은 긴 줄을 서야 했다.

마네는 그림을 고귀한 것으로 놓아두지 않았다. 현실을 그렸던 것이다. 작품 전체를 평면화시킨 형식도 논란의 중심에 서게 했다. 이는 500년 전통의 회화 양식을 거부한 것으로 바로 이 전통에 대한 도전에서 마네 그림의 특징을 볼 수 있다. 이 사건 후 미술계에서는 수많은 마네 지지층들이 줄을 있게 되었는데 바로 인상파 화가들이었다.

아방가르드 리더십

파블로 피카소

이 글에서는 「게르니카Guernica」라는 피카소Pablo Picasso (1881 ~1973)의 작품을 빌려서 그의 리더십을 언급하고자 한다. 2016년은 피카소의 대표작 중 하나인 「게르니카」 완성 80주년 되는 해다. 마드리드의 '레이나 소피아 국립미술센터Museo Nacional Centro de Arte Reina Sofia'는 이를 기념하여 2017년 특별 전시를 기획 중이라고 발표했다. 피카소는 정치적으로나 도덕적으로 반파시스트이자 공화파였다. 「게르니카」는 당시 예술적으로나 정치적으로 큰 논란을 피할 수 없었는데 반세기가 훨씬 지난 오늘에야 제대로 평가를 받을 수밖에 없는 이유가 거기에 있다. 「게르니카」는 피카소가 어떠한 집념과 철학으로 그림을 그렸는지를 가장 잘 보여주는 대작이다.

스페인 내전 당시 나치 독일의 공군 원수 헤르만 괴링 Hermann Wilhelm Göring의 지시에 따라 자행된 무차별 폭격으로 황폐화된 도시 게르니카의 참극이 명작 「게르니카」의 제작 배경이다. 1937년 4월 독일군이 융단 폭격으로 바스크 지역의 작은 도시 게르니카를 야만적으로 공격했다는 사실을 전해 들은 피카소는 그해 6월 137.4인치×305.5인치(349센티미터 ×776센티미터)의 「게르니카」를 완성했다. 「게르니카」는 파시즘 독재와 공포 앞에 의연히 맞선 분노의 외침이며 혁명을 상징하는 작품으로 피카소의 상징이 되었다. 그는 "회화는 아파트를 장식하기 위해 만들어지는 것이 아니라 적과 대항하는 공격적이고 방어적인 전쟁의 도구이다"라고 외쳤다.

1937년 4월 26일 스페인 바스크 지역의 게르니카 마을은 장날을 맞아 붐볐다. 스페인 특유의 시끄러운 악센트 목소리들, 어린아이의 웃음소리, 호객 소리로 가득 찬 이 작은 마을에 갑자기 비행기 엔진 소리가 들렸다. 곧이어 5만여 발, 32톤이나 되는 폭탄이 투하되었다. 오후 4시 30분부터 세 시간 동안 지속된 폭격으로 게르니카는 말 그대로 쑥대밭이 되었다. 생지옥 같은 참혹한 광경을 보고 토머스 고든Thomas Gordon과 맥스 모건Max Morgan은 글로 이렇게 표현했다. "생존자들은 증언했다. 공기는 울부짖는 소리로 덮였고 널브러진 시

파블로 피카소, ⓒPanom / Shutterstock.com

체들, 떨어져 나간 다리들, 동물과 사람의 시신과 잔해가 온
통 널려 있었다. 구덩이에 한 젊은 여자가 앉아 있었는데 나
는 그녀에게서 눈을 뗄 수가 없었다. 뼈가 그녀의 치마를 뚫
고 나와 있었고 머리는 오른쪽으로 비틀려 있었다. 입은 열
려 있었으며 혀는 밖으로 나와 있었다. 이내 나는 토하고 정
신을 잃어버렸다." 이 폭격은 내전 중인 스페인의 프랑코 정
권을 지지하는 독일 나치가 새로운 폭탄 실험을 위해 프랑
코의 허락 아래 자행한 학살로서 1,600명이 숨지고 889명이
부상당한 대참사였다. 게르니카의 인구가 약 7,000명이었다
는 것을 감안하면 엄청난 살상이었다. 당시 스페인은 내전으

로 이미 20여만 명이 목숨을 잃었다. 결국 이 폭격으로 바스크 지역은 오늘날까지 바스크인의 분리 독립을 요구하는 투쟁이 끊이지 않는 결과를 가져왔다.

이 학살 소식이 전해지자 파리에서는 그해 5월 1일, 100만 명 이상의 인파가 항의 시위를 벌였다. 파리의 모든 신문은 이 참혹한 상황을 흑백사진으로 보도했고 충격을 받은 피카소는 이내 스케치에 들어갔다. 그렇게 하여 탄생한 것이 「게르니카」로 피카소는 이 작품을 통해 스페인 내전의 잔혹성과 전쟁의 비인간성을 폭로하고자 했던 것이다. 「게르니카」는 상당히 큰 대작이지만 파리 국제박람회의 스페인관 벽화 제작을 의뢰받은 피카소는 조국의 비보를 듣고 이 작품을 4주 만에 완성했다.

「게르니카」는 1937년 파리 국제박람회에 출품되어 스페인관에 전시되었고, 1939년 제2차 세계대전 중 미국으로 옮겨가 스페인 내전에서 부상당한 공화파 군인 치료를 위한 모금 목적으로 전국 순회 전시에 들어갔다. 이후 40여 년간 뉴욕 '근대미술관MoMA: Museum of Modern Art(모마)'에 전시되었는데, 스페인 정부의 반환 요구가 있었지만 공화파 지지자였던 피카소는 파시스트의 도움을 받은 프랑코의 독재가 계속되는 한 스페인 정부와 화해할 수 없다는 신념으로 반환을 거부했다. 피카소가 공산당에 가입한 것은 공산당을 추종해서

가 아니라 반파시즘에 설 수 있는 길이 당시에는 그것밖에 없었기 때문이었다. 피카소는 또한 스페인이 민주화되기 전까지는 절대로 스페인으로 「게르니카」를 가져가서는 안 되며, 훗날 반환되면 반드시 '프라도 미술관Museo Nacional del Prado'에 전시되어야 한다는 조건으로 이 작품을 뉴욕 '모마'에 무기한 대여 형식으로 빌려주었던 것이다. 반파시즘의 상징인 「게르니카」는 1981년 9월 10일 피카소가 사망한 지 6년이 지난 후, 피카소 탄생 100주년을 기념하여 스페인으로 반환되어 레이나 소피아 국립미술센터에 소장되었다. 「게르니카」는 이후 국외 반출이 금지된 채 피카소의 대표작이자 20세기의 대표작으로 남았다.

작품은 말한다. 왜 인간은 전쟁을 하며 전쟁으로 인한 비극이 무엇인지를. 전쟁 속에 드러나는 인간의 광기와 절망 등을 큐비즘의 전형적인 방식으로 드러냈다. 검은색, 흰색, 회색, 갈색 등 무채색으로만 그려진 이 작품은 밝은 색과 어두운 색의 명확한 대비로 삶의 극과 극을 보여준다. 고통 속에 죽어가는 말의 비명, 불타는 건물 속의 겁에 질린 여인, 부러진 칼을 들고 괴로워하는 군인 등을 뚜렷한 색채 비교로 표현하여 한층 강렬하게 죽음과 공포를 떠올리게 한다. 그렇지만 피카소는 극도의 고통 속에서 희망을 갖도록 여기에 꽃을 그려놓았다.

GERNIKARA

벽화로 재현한 「게르니카」. ©tichr / Shutterstock.com

록펠러는 「게르니카」의 복제품으로 태피스트리 작품을 구입하여 유엔 본부에 기증했다. 이 태피스트리 작품은 유엔 안보리에 출입하는 외교관들을 비추는 텔레비전 영상을 통해 간간히 비춰지기도 했다. 2003년 2월 25일, 당시 미국의 이라크 공격 행위의 정당성을 설명하기 위한 콜린 파월^{Colin} ^{Powell} 국무장관과 한스 블릭스$^{Hans Blix}$ 유엔 이라크 생화학무기 공장 시찰단 단장의 연설을 위해 유엔 사무국 직원들은 벽에 걸려 있는 「게르니카」 태피스트리를 감청색 커튼으로 가려놓았다. 전쟁의 참혹함을 고발하는 이 작품 앞에서 전쟁의 정당성을 설명하려는 미국 정부의 발표와 묘한 아이러니를 이루었기 때문이었다. 그러나 미국 국무장관이 이라크 폭격 이유를 설명하기 위한 연설 무대 뒤에 걸린 태피스트리 작품에 왜 천을 씌웠는지 사무국은 해명하지 않았다. 당시 언론의 계속되는 질타에 유엔 사무국은 단지 촬영을 돕기 위해 씌웠던 것뿐이라고 말했다. 그러나 「토론토 스타^{Toronto} ^{Star}」지의 미술 저널리스트인 피터 고더드$^{Peter Goddard}$는 이렇게 썼다. 미국의 지원을 받는 유엔으로서는 이틀 동안 800여 발의 크루즈 미사일을 쏘아댄 미국을 위해, 32톤의 폭탄을 퍼부은 나치를 비난하고 반전 이미지를 보여주는 「게르니카」를 가릴 수밖에 없지 않았겠느냐고.(조명계, "〈게르니카〉 미국 이라크 폭격 비판인가", 「Art in Culture」, 2003년 6월호 참조.)

「게르니카」는 당연히 앞서 설명한 고야의 「1808년 5월 3일」에 영향받은 바가 크다. 종교화의 특징으로 제작되어 왔던 트립틱triptych(세 폭짜리 그림) 형식을 피카소는 세속화인 「게르니카」에 적용했다. 아울러 피카소는 변해버린 시대상을 표현하는 언어로 등장한 입체주의를 「게르니카」를 통해 선보였다. 피카소는 점묘법 또는 아카데믹한 기법이나 인상파적 기법 등 모든 종류의 기법을 동원하여 새로운 조형언어를 창출해냈는데 그런 수많은 조형적 실험들을 통해 그의 유명한 입체파 회화를 완성해내기에 이르렀다. 피카소의 창작을 위한 노력은 도자기 분야까지 확대되었다. 남프랑스 발로리Vallauris의 마두라 도자기Madoura Pottery 공장을 방문한 피카소는 도자기의 매력에 빠져들었다. 그곳에서 조르주 라미에Georges Ramié와 쉬잔 라미에Suzanne Ramié를 만난 피카소는 도자기 작업을 위한 공장 사용 요청을 했고 이들은 흔쾌히 허락했다. 이들의 지원 아래 그는 1947년부터 도자기 작업에 들어갔다. 피카소는 그곳에서 도자기 작가였던 자클린Jacqueline Roque을 만나 1961년 결혼까지 하게 되었다.

피카소가 전통적인 주제를 도자기에 도입한 것 또한 그만의 예술적 표현 수단이었다. 아프리카 원시미술에도 관심을 갖고 생명감 넘치는 조형 의식을 적극적으로 자신의 작품에 활용함으로써 새로운 조형성을 창출하고, 새로운 오브제 사용에 따른 고정관념을 혁파하는 데도 최선을 다했다. 부유한 작가로서 부족함 없이 살았지만 그는 진정으로 예술을 고민한 예술가의 자화상이자 가장 앞선 아방가르드적 예술가의 리더십을 보인 작가였다고 할 만하다.

자기표현 완성

렘브란트

렘브란트^{Rembrandt van Rijn}(1606~1669)가 화가로서 활동하던 시기의 네덜란드는 경제적으로 절정의 호황기를 맞고 있었다. 사회에는 자금이 넘쳐흘렀고 누구나 돈이 된다면 투기에 뛰어들던 시기였다. 그런 사회에서 렘브란트는 화가로서 성공을 거두었고 지속적으로 성공 가도를 달렸다. 심지어 사망 이후에도 그의 그림은 시장에서 한 번도 뒤처진 적이 없었다. 렘브란트가 등장한 이후 수십 년간 역사에 기록된 거의 모든 네덜란드 화가가 그의 제자였다는 사실은 이를 말해준다.

1642년 네덜란드의 반닝 코크^{Frans Banning Cocq} 민병대 대장은 렘브란트에게 휘하 부하들을 거느린 모습을 그린 집단화

렘브란트, 「자화상」, 1640년.

한 점을 의뢰했다. 대개의 경우 단체 초상화는 만찬회에 둘러앉은 모습으로 표현된다. 그러나 렘브란트는 한낮에 성벽 경계를 위해 부대를 나서는 모습을 그렸다. 장교들의 얼굴을 비추는 태양은 렘브란트 특유의 극단적인 명암 대비 효과를 주는 반면, 성문 앞에 있는 장교들은 흐릿하게 표현되었다. 또 얼굴이 모두 그려진 사람도 있는 반면 일부만 나온 사람도 있었다. 그림이 완성되고 이 집단화를 코크 대장에게 전달했으나 문제가 생겼다. 그림 크기가 코크 대장의 거실에 걸어두기에 너무 컸던 것이다. 코크 대장은 부하를 시켜 그림의 일부를 렘브란트의 동의 없이 잘라냈다. 거기에다 코크 대장의 거실에는 석탄 난로가 있었다. 석탄 연기로 그림에는 검댕이 묻었고 세월이 흐르면서 계속 검댕이 앉아 그림은 흑색으로 변해버렸다. 원래는 환한 대낮을 그린 것인데 검게 변해버린 화면 때문에 원제가 「프란스 반닝 코크 대장과 빌럼 반 루이텐부르크 중위의 민병대 De compagnie van kapitein Frans Banninck Cocq en luitenant Willem van Ruytenburgh」인 이 그림에는 훗날 「야경 De Nachtwacht」(또는 「야간 순찰」)이라는 제목이 붙게 되었다.

당시 집단화는 누구나 얼굴을 읽을 수 있는 평면적인 인물화가 대부분이었는데 이 그림 속 인물들은 하나같이 입체감을 보이고 있다. 거기다 얼굴이 일부만 보이기도 했다. 이 때문에 코크 대장을 비롯하여 그림을 의뢰한 사람들이 그림값 지불을 거부하고 말았다. 본인의 얼굴이 제대로 표현되지 않았다는 이유였다. 사람들은 등장하는 모두의 얼굴이 또렷하게 나오기를 바랐고 대부분의 화가들은 이러한 주문자들의 요구를 들어줄 수밖에 없었다. 그러나 렘브란트는 자기 방식대로 그림을 그렸으므로 지불을 거부당한 것이다. 이 사건 이후 렘브란트에게는 혹독한 경제적 시련기가 찾아왔다. 렘브란트가 사망하고 시일이 한참 흐른 후 명작으로 재평가받기에 이른 「야경」은 이렇게 해서 탄생한 것이다.

렘브란트, 「야경」, 1642년.

이 글에서는 「야경」과 「벨사살 왕의 잔치Belshazzar's Feast」 두 그림을 가지고 렘브란트의 회화 표현 방식을 말하고자 한다. 「벨사살 왕의 잔치」는 렘브란트의 초기 작품이다. 바빌로니아의 왕 벨사살(벨샤자르Belshazzar)은 수많은 이방 신들을 칭송하고 술을 마시는 잔치를 벌였다. 이때 하늘에서 손이 나타나 벨사살 왕의 운명을 예고하는 글자를 벽에 새겼다. 『구약성경』 「다니엘서」 5장에 나오는 이야기이다. 글씨는 벨사살 왕이 오늘 밤을 넘기지 못할 것이라는 암시를 주는데 왕은 그날 밤 살해당하고 다리오(다리우스Darius)가 왕국을 이어받는다는 내용이다.

화가의 진정한 가장 큰 열망은 무엇인가. 바로 풍부하고 거친 색채, 두꺼운 채색, 그림에 나타나는 인간의 감정을 가장 창의적으로 표현하는 것일 것이다. 이에 대한 정답은 바로 렘브란트라고 말할 수 있다. 렘브란트는 이러한 저만의 표현 극대화를 위해 물감을 가능한 한 두텁게 칠했다. 렘브란트 회화의 특징은 뛰어난 질감에서 찾을 수 있다. 표현하기 어려운 피부, 얼굴, 특히 나이 든 노인의 쭈그러진 얼굴을 표현하는 데 뛰어난 재주를 보였다. 사람이 나이 들면서 가장 쉽게 변하는 부위가 눈 밑의 주름이다. 렘브란트는 이 부분을 표현하는 데서 당대에 따를 자가 없었다. 글씨를 벽에 새기는 하늘의 모습과 벌벌 떠는 벨사상 왕의 모습을 너무

렘브란트, 「벨사살 왕의 잔치」, 1635년.

나 잘 표현했다. 이 그림의 중심은 다름 아닌 벨사살 왕이다. 왕의 얼굴을 어두운 배경에서 더욱 돋보이게 그렸다. 바로 카바라조의 단축법을 재현한 것이다. 또한 루벤스가 지닌 무한한 창작 가능성을 전수받았다고 볼 수 있다. 그러나 무엇보다도 렘브란트는 그 자신만의 주관적인 화풍을, 특히 고요

함과 사색을 표현하는 데 매우 뛰어났다.

렘브란트는 유럽이 낳은 거장 중의 거장이다. 한때 유럽 최고 부국의 지위를 누렸던 네덜란드, 그 네덜란드 예술사를 논할 때도 렘브란트를 빼고는 설명되지 않는다. 그러나 때로는 많은 논란을 야기하기도 했다. 그는 오늘날까지 여전히 많은 스토리를 제공하는 화가임엔 틀림없다. 당대에 높은 평가를 받았던 루벤스와 달리 작가로서 반대의 길을 걷다가 말년에는 끼니를 굶을 정도로 곤궁함을 겪었다. 그의 화풍역시 조국 네덜란드를 벗어나 논란을 일으켰으며 개인적으로도 많은 비극을 맛보아야 했다. 그러한 이유로 그의 말년작업 생활은 복잡하여 많은 사람들이 그의 작품으로 인정하지 않을 정도였다. 때문에 오늘날도 그가 그린 작품의 정확한 숫자를 모른다. 렘브란트의 공방은 큰 성공을 거두긴 했으나 견습생을 여럿 두고 작업을 했으므로 렘브란트의 그림을 확인해내는 데 무척 어려움이 따른다. 렘브란트 재단은 그가 직접 그린 그림을 약 300점 미만으로 보고 있다.

제3부

•

문화예술기관

Art and Culture Center

머리글

　　요하네스 페르메이르^{Johannes Vermeer}의 「진주 귀걸이를 한 소녀^{Het Meisje met de Parel}」 한 작품을 보기 위해 뉴욕 시민들이 '프릭 미술관^{Frick Collection}' 앞에 줄을 서서 기다리는 뉴스를 읽었다. 그들을 미술관 앞으로 불러 모은 힘은 무엇일까? 답은 바로 "프릭 미술관이기 때문이다"라고 말할 수 있다. 미술관은 사람과 예술을 이어주는 다리다. 사람들이 줄서기까지 하면서 미술관에 가고자 함에는 또 다른 사회학적 설명과 답이 필요할 것이다. 「박물관은 살아 있다」라는 영화에서는 코믹한 소재로 박물관이 지니고 있는 위압감을 희석하려고 애를 쓴 흔적이 엿보인다. 저마다의 역사와 문화를 지닌 대부분의 박물관이나 미술관은 교육기관 역할을 하면서 관람자가 자신을 다시 한 번 생각하게 하는 힘을 가지고 있다. 매년 '메트로폴리탄 미술관Metropolitan Museum of Art'은 400만 명, '근대미술관MoMA'은 150만 명, '구겐하임 미술관Solomon R. Guggenheim Museum'은 85만 명, '휘트니 미술관Whitney Museum of American Art'은 25만 명 정도의 관람객이 다녀간다. 모두 뉴욕에 있는 미술관들이다. 많은 관람객이 다녀간다는 점에서 어떤 공통점이 있는가 하는 질문에 대한 답은 사실 아무것도 아니다. 단지 사람이 예술을 직접 접한다는 사실 하나뿐이다.

미국은 역사도 짧고 초창기에는 미술품도 별로 없었다. 미술관의 역사가 일천한 미국에서 미술관이 지어졌던 것은 '컬렉션' 때문이 아니라 바로 '사람'을 위해서였다. 즉 대중을 교육하기 위해, 문화 수준이 높은 나라와 국민을 만들기 위해 누구나 부담 없이 갈 수 있는 문화예술의 장으로서, 또한 민주적인 교육의 장으로서 미술관의 역할을 인식했기에 미술관 설립이 줄을 이었던 것이다. 역사가 일천한 미국이 어째서 세계에서 미술관 교육이 가장 발달된 나라가 되었는지는 이런 배경을 보면 납득할 수 있다. 문화의 불모지나 다름없었던 미국은 불과 1세기 정도 만에 세계 문화를 이끄는 국가로 변화한 것이다. 다름 아닌 '사람을 기른다'는 원칙을 소중하게 생각한 덕분이었다. 반면에 한국을 보자면 상황이 매우 다르다. 대개 수많은 컬렉션을 대중에게 보여주지 않고 창고에 쌓아두고 있다. 이러한 미술관 문화를 어떻게 봐야 할지 다시 생각해볼 일이다.

초창기 박물관의 소장품 대부분은 왕가나 부르주아지의 컬렉션이었다. 그들은 비슷한 계급에게만 자신의 컬렉션을 보여주었다. 그러다가 이를 차츰 대중에게 공개하면서 근대 적 의미의 박물관이 나타나기 시작했다. 박물관이 대중에게

메트로폴리탄 미술관. ⓒlittleny / Shutterstock.com

문을 활짝 연 것은 1789년 프랑스대혁명 이후인데 그때부터 박물관에 입장할 자격은 시민이라면 당연히 누려야 할 권리로 인식되었다. 19세기의 박물관이란 한 국가의 상징과도 같은 장소였다. 유럽 곳곳에 박물관이 등장했으며 각국에서는 자기네 정체성에 맞는 소장품들을 수장하기 시작했다. 미국도 예외가 아니어서 1858년 처음으로 '스미소니언 박물관 Smithsonian American Art Museum'이 설립되었으며 이후 세계를 선도하는 박물관 천국이 되었다.

20세기에 들어서면서 박물관의 역할에 변화가 생기기 시작했는데 바로 사회적인 기능 말고도 정치적인 도구의 장으로서 이용되기 시작했던 것이다. 파시즘과 나치즘이 퍼지면서 박물관은 이념적 목적을 이루기 위한, 다시 말해 정치체제를 선전하기 위한 도구가 되었다. 미술관의 역할 문제와 관련하여 근래 들어서는 국제정치적 양상을 띠고 있기도 하다. 비록 구겐하임과 루브르의 분관 세계 확대 전략은 미국과 프랑스의 문화패권주의 영역 싸움이라는 분석이 제기되고 있지만, 21세기 들어서서 박물관은 정치체제의 선전도구로 전락했다는 평을 듣기까지 한다. 박물관의 기능상 변화로는 '보관하는 박물관'에서 '보여주는 박물관'으로 변화가 두드러진다. 과거 유물들을 보여주는 데 그치지 않고 현재를 담아내기 시작했는데 100여 년이 지난 오늘날, 박물관은 많아졌고 다양한 가치의 충돌 속에서 지금도 끊임없이 변모하고 있다. 그렇다고 초대형 미술관만 존재의 이유가 있는 것은 아니다. 로마의 '팔라초 마시모 알레 테르메Palazzo Massimo alle Terme', 멕시코시티의 '프란츠 마이어 박물관Museo Franz Mayer', 파리의 '귀스타브 모로 박물관Gustave Moreau Museum', 크레타 섬의 '고고학박물관Archeological Museum', 페루의 '시판 왕 박물관Museo Tumbas Reales de Sipán' 등 작지만 반드시 둘러봐야 할 미술관들이 얼마든지 있다.

제3부에서는 이러한 문화예술기관의 설립과 관련된 설립자의 기획 정신과 추구하고자 했던 이념 등을 파악해보고자 한다. 록펠러나 카네기에 대한 오늘날의 이미지는 자선사업가, 예술 후원자로서 느낌이 매우 강하다. 강의실에서 학생들에게 물어본 적이 있다. 록펠러나 카네기에 대해 어떤 느낌을 가지고 있는지 양자택일로 손을 들어보라고 했다. 80퍼센트 정도의 학생들이 훌륭한 자선사업가로 알고 있다고 손을 들었다. 왜일까? 그들에 대한 부정적인 평가에 일부 변화가 오게 된 것은 다름 아닌 그들의 자선 기부 활동 때문이었다. 워낙 기부와 자선활동을 많이 한 것으로 알려져서 긍정평가의 유산을 만들었다고 할 수 있다. 필자 역시 그들에 대한 부정적인 시각이 일부 달라져감을 스스로 느낀다. 가령 뉴욕 '근대미술관'을 지은 장본인이 록펠러의 딸이었음을 알

고부터, 수시로 필요성이 제기될 때마다 거액을 미술관에 희사하는 그들을 대하면서. 그러나 록펠러와 카네기에 대한 감추어진 부정적인 사실들, 노조를 탄압하고 무자비한 살육을 교사하고 사업의 성공을 위해 산업스파이 짓은 물론 경쟁사 직원을 매수하고 온갖 수단을 동원하여 경쟁자들을 탄압한 그들의 모습은 감추어져야만 하는 것일까? 경제공황 시기에 맨해튼에 록펠러 센터가 건립되면서 고용을 창출했다고 하지만 부동산 투기로 미리 사두었던 토지들 중 하나였을 뿐이었으며, 유엔 본부 건물을 지으라고 허드슨 강변 부지를 희사한 것도 부동산 개발을 위해 미리 사두었던 땅이었다는 사실은 어떻게 평가해야 좋을까? 기왕에는 가진 자들의 별것 아닌 일이라고 애써 비판했었는데.

제3부는 문화예술기관의 설립과 관련된 앙트러프러너십(기업가정신)을 추출하는 것이 목적이므로 긍정적 사고로 풀어나가고자 한다. 원래는 중앙정부의 주도로 공적 자금을 가지고 국가의 위상을 높이고자 지도자의 리더십에 의해 세워진 '루브르 미술관'이 전형적인 미술관이라고 할 수 있다. 그러나 글을 쓰면서 대부분의 문화예술기관들이 특정 개개인의 취향과 문화예술에 대한 열정, 집념, 혁신적 사고의 적용에 따라 설립되었음을 알게 되었다. 무엇보다 문화예술기관의 설립에 어떠한 동기부여가 있었는지 가장 궁금했다. 이를

예르미타시 미술관(상트페테르부르크, 러시아).

앙트러프러너십이라고 이름 붙이고자 했다. 특히나 문화예술 분야에서 동기부여란 남다른 재능이자 지식 기반의 결정물이며 인류애에 기초한 것이기 때문이라는 답이 도출된다.

여기에서는 로스앤젤레스의 '게티 미술관J. Paul Getty Museum', 워싱턴의 '내셔널 갤러리National Gallery of Art'의 설립 동기 등은 자세히 설명하지 않았다. 모든 미술관이 저마다의 설립 동기와 목적이 있으나 연구 자료의 부족으로 스토리텔링화하는 데 어려움을 느꼈으므로 언급하지 않았다. 앤드루 멜런Andrew William Mellon이 자신의 재산을 쏟아 부어 워싱턴에 미술관을 설립할 때 그 투입비용이 당시 미국 연방 예산의 4분의 1에 해당했던 사실, 개관 당시 제2차 세계대전이 한창인 시기였음에도 불구하고 루스벨트Franklin D. Roosevelt 대통령이 연설에서 수많은 미술품들은 비록 적국의 작품일지라도 인류 문화유산으로서 보존되어야 한다고 말한 사실, 그리고 설립자 멜런이 자신의 이름을 붙이지 않고 내셔널 갤러리라고 이름 붙인 이야기 등 지엽적인 내용들은 피했다.

복지, 자선, 사회 공헌, 박애

필랜스러피

필랜스러피^{philanthropy}란 '인류의 복지 증진을 위해 현금, 재산을 증여하거나 사회가 필요로 하는 봉사를 제공하는 행위를 뜻한다'라는 사전적 의미를 가지고 있다. 고대 그리스어로는 '필란트로피아^{philanthrôpía}' 즉 '인류에 대한 사랑^{love of what it is to be human}'이라고 표현한다. 기원전 1세기경, '필란트로피아'와 교육을 뜻하는 '파이데이아^{paideia}' 두 단어는 라틴어 '후마니타스^{humanitas}'라는 단어로 통합되는데 2세기에 들어서면서 고대 로마의 철학자이자 저술가인 플루타르코스^{Plutarchos}는 필란트로피아의 개념을 우수한 인간을 묘사하는 데 사용한다. 필랜스러피는 중세에 들어서는 자선^{Charity}, 가치 있는 구제Valued for Salvation, 이타적 사랑Selfless Love 등의 뜻으로 사용되었으며, 근대적인 의미로는 1600년경 프랜시스 베이컨Francis Bacon, 1st Viscount St Alban 경에 의해 사용되기 시작했다. 계몽주의 시대에 접어들면서는 특히 미술관을 위한 기증의 의미로 쓰이기 시작했는데, 오늘날에는 필랜스러피스트의 대명사 빌 게이츠가 30억 달러 이상의 현금과 소프트웨어를 기부한 것으로 대변된다.

미국에서는 필랜스러피스트의 선구자로 피터 쿠퍼Peter Cooper(1791~1883)를 손꼽는다. 뉴욕의 쿠퍼 유니언Cooper Union: The Cooper Union for the Advancement of Science and Art은 규모는 작지만 미국 내에서는 입학하기가 상당히 어려운 유명한 미술대학 중 한 곳으로, 「뉴스위크Newsweek」지가 가장 좋은 작은 학교Most Desirable Small School 1위로 선정한 대학이기도 하다. 이유는 졸업 시까지 입학생 전원에게 전액 장학금을 지급하기 때문이다. 쿠퍼 유니언은 전임교수 56명, 전교생 920여 명으로 맨해튼에 있는 대학교 중에서 아주 작은 축에 속한다. 맨해튼의 쿠퍼 스퀘어Cooper Square 교차로도 물론 쿠퍼 유니언 덕분에 생긴 이름이다. 150여 년의 역사를 지닌 구관인 쿠퍼 재단 빌딩Cooper Foundation Building과 맨해튼에서 가장 현대적인 건물인 포티원 쿠퍼 스퀘어41 Cooper Square 건물 두 채가 전부인 단출한 대학이다.

쿠퍼 유니언. ©DW labs Incorporated / Shutterstock.com

조지 워싱턴^{George Washington}이 대통령으로 취임한 직후인 1791년 2월 12일 뉴욕에서 출생한 피터 쿠퍼는 미국에서 최초로 증기기관을 만든 인물이다. 그는 볼티모어와 오하이오 사이에 철도가 부설될 것이라는 정보를 입수하고 그동안 모은 재산을 털어 볼티모어에 3,000에이커의 땅을 매입한다. 철도가 개통되면 토지 가격이 오를 것이라고 판단했던 것이다. 그런데 땅을 정비하던 중 그곳에서 철광석이 발견되었다. 이 발견은 그가 단순한 부동산 투자 사업에서 제철 사업으로 전환하는 계기가 되었다. 쿠퍼의 공장에서 생산된 철도 선로는 볼티모어와 오하이오 사이의 철도 건설에 공급되었으며 그는 바로 거부가 되었다. 거부가 된 그가 가장 먼저 한 일은 대학을 설립한 것이다. 사회적으로 교육에서 배제되던 여성을 비롯하여 성별, 인종, 종교에 관계없이 누구나 대학 교육을 받을 권리가 있다고 믿는 자신의 신념을 실천하기 위해서였다. 설립 장소로 선택한 곳은 맨해튼 동남쪽 3가와 4가가 만나는 스타이버선트 스퀘어Stuyvesant Square였다. 훗날 뉴욕 시는 그의 업적을 기려 스타이버선트 스퀘어를 쿠퍼 스퀘어로 고쳐 명명했다. 쿠퍼는 남북전쟁 중 북부 정부를 후원했고 1876년 그린백Greenback당의 대통령 후보로 출마하기도 했다. 이것이 발명가, 기업가, 정치가, 자선사업가로 1800년대를 보낸 그를 미국에서 첫 번째 필랜스러피스트로 부르는 배경이다.

아트 패트론Art Patron(예술 후원가)도 필랜스러피스트다. 대표적으로 거론되는 인물인 거트루드 밴더빌트 휘트니Gertrude Vanderbilt Whitney(1875~1942)는 몇 안 되는 미국의 거부 집안인 밴더빌트 가의 딸이면서 또 다른 명문가인 휘트니Whitney 가와 결혼한 조각가이자 콜렉터인데, 뉴욕의 휘트니 미술관을 세운 장본인이다. 그녀는 미국의 젊은 작가들을 아낌없이 후

토머스 내스트Thomas Nast, 「피터 쿠퍼 카툰」, 1865년.

원했던 후원자였다. 아무도 거들떠보지 않던 젊은 작가들 작품을 구입했고 뉴욕의 중심에 '휘트니 스튜디오 클럽'을 만들어 전시 공간을 마련했다. 이곳에서 에드워드 호퍼Edward Hopper, 존 슬로언John Sloan, 로버트 헨리Robert Henri, 아서 데이비스Arthur Davies 등 젊은 미국 작가들을 키워냈다. 휘트니 여사는 이 작가들 작품을 무려 25년 동안 수집했고 그 방대한 컬렉션을 메트로폴리탄 박물관에 기증하고자 했다. 그러나 전통적인 미술품을 다루는 메트로폴리탄 박물관은 정작 자국의 새로운 현대미술 작가들 작품은 기증받지 않겠다고 했으므로 이에 충격을 받아 자신이 직접 미술관을 만들기로 결심했다. 이에 따라 탄생한 곳이 현대미술을 연구하는 최고의 미술관인 휘트니 미술관이다.

1912년 미국의 경제학자 웨슬리 미첼Wesley Mitchell은 「아메리칸 이코노믹 리뷰American Economic Review」에서 이렇게 말했다. "돈은 쓰기 쉽다. 그러나 잘 쓰기는 어렵다." 앤드루 카네기 Andrew Carnegie (1835~1919)는 언제나 대형 필랜스러피스트로서 회자되는 인물이다. 그도 현명한 부의 분배를 강조했지만 이를 실행하는 데 매우 어려움을 느꼈다. 그러나 부자로서 현명한 길을 선택하는 방법이었다고 술회했다. 사실 필랜스러피라는 말의 사회성은 미국에서 이루어졌다고 할 수 있다. 1870년대 미국에는 약 100명 정도의 백만장자가 있었는데, 20년 후 백만장자의 수는 빠르게 늘었고 그들이 설립한 자선기관gift society도 빠르게 증가했다. 필랜스러피스트 수에 관해서는 1892년 「뉴욕 트리뷴New-York Tribune」지가 4,047명의 백만장자가 있다고 집계 보도했다. 이어 1916년에는 그 수가 약 4만 명에 이르렀으며 그중에는 유명한 두 인물인 헨리 포드Henry Ford (1863~1947)와 록펠러John D. Rockfeller (1839~1937)가 포함되어 있었다. 당시 미국에서 백만장자의 증가는 고가 예술품의 미국 대륙 유입 증가를 가져왔고 이에 따라 미술관

거트루드 밴더빌트 휘트니. 1917년.

설립이 경쟁적으로 이어진 단초가 되었다. 필랜스러피는 원래 미국 내 흑인 사회를 위한 자선활동이 주된 목적의 하나였으며 이에 더해 교육, 문화, 사회복지 등의 분야로 확대되어갔다.

미국에서 필랜스러피의 확대는 시민협회 활동의 활성화를 역사적 배경으로 한다. 미국에서 시민활동은 '제3의 힘'이라고까지 부른다. 여기에서 칭하는 시민활동이란 다름 아닌 '재단'이라고 부르는 조직을 말한다. 오늘날 미국에 비영리기관이 왜 그토록 많은가 하는 궁금증은 그 활동의 역사가 답해준다. 미국이 식민지 시절일 때 유럽으로부터 유입된 많은 이민자들을 위한 다양한 기관 서비스가 그 시작이라고 보는 것이 정설이다. 이민자들은 교육, 사회 안전을 비롯한 많은 분야에서 도움이 필요했다. 미국 사회 자체가 종교적 색채가 강했으므로 스스로 조직된 사회단체들이 많을 수밖에 없었다. 그러한 활동을 통해 교육, 의료보장 등 필요한 서비스가 제공되었다. 미국에서 시민사회 활동은 초기부터 자유로웠고 강했으므로 현대에 들어서서도 세계에서 가장 강한 조직 활동을 보이고 있는 것이다. 시민활동의 주역은 다름 아닌 장로교, 루터교, 감리교, 침례교, 청교도, 퀘이커교 등 개신교 위주였다. 이러한 교계 중심의 사회활동을 맥스 스택하우스^{Max Stackhouse} 교수는 다음과 같이 정의했다. "하느님의 이름으로 그들[이민자]은 바르게 거주할 권리, 조직할 권리, 이웃을 보호할 권리, 그리고 그들의 의견을 발표할 권리가 있으며 이것이 바로 서양의 역사이다."

그러나 필랜스러피 본래의 뜻이 현대에 들어와 왜곡되기도 했다. 우선 미국 대통령 선거에 매번 등장하는 '다크 머니dark money'와 '슈퍼 팩Super PAC: Super Political Action Committee'을 필랜스러피로 부를 것인가 말 것인가 하는 문제가 있다. '슈퍼 팩'이란 민간 정치자금 단체로서 어느 특정 캠프에 소속되어 있지 않고 외곽에서 지지 활동을 벌이는 조직이며 합법적으로 무제한 모금이 가능하다. 미국에서는 '특별정치활동위원회'로 불린다. 다만 선거 후 반드시 내역을 공개한다. '다크 머니'란 대개의 경우 공화당 쪽에 많으며 기부자가 누구인지 알 수 없는 성격의 자금이다. '다크 머니'의 특징은 익명의 거액 기부자들이 사회복지단체 등을 내세워 자금으로 의회를 장악하려는 성향을 보인다는 점이다. 그러나 이러한 '슈퍼 팩'이나 '다크 머니' 역시 필랜스러피성 증여로 간주되기도 한다. 이 때문에 미국에서는 정치자금과 선거자금은 갈수록 베일에 가려지면서 그 규모가 급증하고 있다.

한편 인도주의Humanitarianism의 의미로 진행되던 필랜스러피는 현대에 들어서면서 그 활동의 성격이 일부 달라지고 있다. 2015년 12월, 페이스북 창업자이자 CEO인 마크 저커버

그 ^{Mark Elliot Zuckerberg}가 페이스북 주식의 99퍼센트, 한화로 약 52조 원 상당액을 기부한다는 소식이 보도되었다. 자신의 재산 대부분을 기부한다는 쉽지 않은 결단에, 그리고 저커버그가 편지를 통해 밝힌 더 나은 미래를 위한 구체적인 제안과 포부에 미국 사회는 감동했다. 이처럼 성공한 사업가가 공익에 뜻을 갖고 자선활동을 기획, 실행하는 것을 박애자본주의^{Philanthrocapitalism}라고 한다. 이들은 재단이나 비영리단체를 활용한 전통적인 자선 방식이 아닌 기업을 세워 일으킨 역량을 적극 활용하여 사회적 투자를 한다고 표현하기도 한다. 이들은 전통적인 자선단체가 가진 한계를 극복하면서 혁신적인 방법으로 사회문제를 해결하고자 할 뿐 아니라 막대한 자금으로 문제 해결에서 규모의 경제를 갖추고 실행한다.

반면에 성공한 기업가의 막대한 기부금은 시장 독점의 결과이며, 자본주의 가치에 입각한 박애자본주의는 사회 변화를 이룰 수 없다는 비판적 의견이 제기되기도 한다. 카네기는 철강에서, 록펠러는 석유에서, 빌 게이츠는 OS에서 독점으로 많은 비판을 받은 바 있다. 즉 박애자본가들에게 "기부는 자선 행위가 아니라 투자 행위에 더 가까운 활동이다"라는 해석이다. 또한 박애자본가들은 자선 행위에도 효율성과 성과 측정이라는 사업 방식을 적용하고 있다는 점에서 종래의 단순한 자선과는 구별된다. 이렇게 달리 해석되어야 할 박애자본주의가 여과 없이 그들의 활동 홍보에만 포커스를 맞추고 있다고 비난받기도 한다. 또한 마케팅에서까지 필랜스러피 마케팅이란 용어를 사용하는 정도까지 변화되었다. 자선과 박애를 무기로 기업 이미지 상승을 추구함으로써 본래 긍정적인 필랜스러피의 의미를 변화시키고 있는 것이다.

필랜스러피란 양적 성장만 추구하는 한국의 기업 문화에 던지는 하나의 경고이기도 하다. 또한 배려 문화가 날로 저하되는 냉혹한 사회에서 기업들이 생존을 위한 하나의 도구로 그런 역할을 추구하는 방편이 되어버렸다고 지적받기도 한다. 우리는 미국의 미술관들 벽면에 붙어 있는 수많은 기부자들의 이름을 보면서 필랜스러피 문화가 정착된 사회를 본다. 자본주의사회가 극을 향해 치닫는 요즈음 사회 양극화 현상의 심화 속에서 필랜스러피를 해석할 때 탐욕을 반성하는 한 현상으로 볼 수도 있지 않을까 한다.

미래 지향의 유산

스미소니언 연구소

'스미소니언 연구소Smithsonian Institution'는 항공우주박물관, 자연사박물관, 역사박물관, 예술산업관, 우편박물관을 시작으로, 아프리카 미술관, 공예관 등 16곳의 박물관과 미술관, 그리고 하나의 동물원으로 이루어진 세계 최대의 복합 문화 공간이다. 컬렉션의 총수는 1억 4,000만 점으로 상상을 뛰어넘는 규모이며 연간 예산은 약 6,500억 원이고 종사자 수는 자원봉사자 포함 1만여 명에 이른다. 스미소니언 연구소라고 하면 누구나 우주개발이나 해양 연구를 떠올린다. 그러나 미국항공우주국NASA과는 밀접한 관계를 가지고 국가사업을 할 뿐이며, 인류의 생활과 밀접한 역사, 고고학, 그리고 환경

문제 등에 막대한 지원을 하고 있다. 이를 위해 뉴욕, 보스턴, 디트로이트 등 전미 지역은 물론 심지어 파나마에까지 배후 시설인 도서관, 자료 수장고, 연구소 등 다양한 시설을 운영하고 있음은 잘 알려져 있지 않다. 연구 설비 및 환경이 뛰어나고 연구 기풍이 자유롭기 때문에 이 연구소에는 연구실 제공만 조건으로 내걸어도 정년 후 무급으로 연구를 계속하는 고명한 학자들이 많다.

이처럼 스미소니언 연구소는 다방면에 걸쳐 전문가들을 지원하면서 한편으로는 지식의 보급을 도모하기 위한 노력을 경주하고 있다. 모든 시설을 일반공개 한다는 점이 그것이다. 따라서 입장료는 무료이며 연중무휴 개관된다. 동 연구소에 속하는 모든 시설은 보관 창고로서만이 아니라 살아 있는 지식을 체험하는 장소로서 언제나 누구에게나 그 기회를 부여하고 있다. 또한 연구소에서는 저명한 학자부터 청소년에 이르기까지 질의를 해 온 사람에게는 반드시 답신을 보낸다는 기본 방침을 취하고 있다. 자신이 가지고 있는 의문점이나 질문에 대한 회신을 받아보는 아이들은 스미소니언 연구소로부터 공식적인 답변을 들었다는 사실 자체가 기쁨을 제공한다는 점까지 놓치지 않는 것이다. 이러한 젊은 세대의 사물에 대한 반응이나 의문이 다음 세대의 예술과 문화 그리고 과학기술을 낳고 성장시켜가고 있는 것이다.

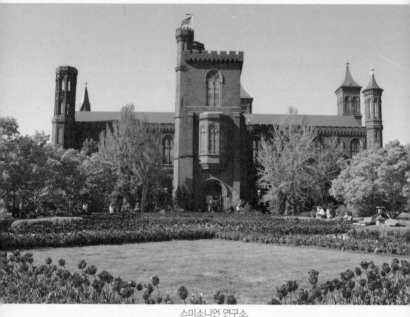

스미소니언 연구소.

    제임스 스미슨 ^{James Smithson}(1765~1829) 철학의 추종자인 존 퀸시 애덤스 ^{John Quincy Adams} 미국 제6대 대통령은 "제임스 스미슨의 꿈은 18세기와 20세기의 가교"라고 부르며 다음과 같이 칭송했다. "세상을 떠나려는 한 남자가 남긴 신탁에 영광이 주어졌다. 아직 탄생하지 않은 미래 세대가 필요로 하는 것은 다름 아닌 희망이다." 무한한 호기심을 가진 과학자 스미슨이 미지의 나라에 맡긴 희망이란, 전인미답의 달 표면

착륙을 완수한 미국의 꿈과 통하는 것이 있었던 것이다. "모든 사람들을 위한 지식의 향상과 보급을 목표로 한다"라고 주창한 스미슨과 이를 실천한 스미소니언 연구소의 150년에 이르는 활약이 있었기에 젊은 미국이 이제는 세계를 리드하는 국가로 발전할 수 있었다고 말할 수 있으리라.

워싱턴의 중심으로 동쪽은 국회의사당, 서쪽은 포토맥강, 북쪽은 헌법대로Constitution Avenue, 그리고 남쪽은 독립대로Independence Avenue에 둘러싸인 '몰Mall'이라 불리는 지역이 있다. 잔디와 나무들로 둘러싸인 아름다운 '몰' 지역에는 스미소니언 연구소에 속하는 아홉 개의 미술관과 박물관이 들어서 있다. 그중 미국의 철도왕 찰스 랭 프리어Charles Lang Freer가 1923년에 기증한 '프리어 미술관Freer Gallery of Art'에는 스미슨처럼 평생 독신이었던 프리어가 수집한 동양미술품과 그의 친구인 화가 휘슬러James Abbott McNeill Whistler의 작품을 중심으로 하는 19세기 미국 회화가 전시되고 있다. 도넛 형의 4층 건물은 '허시혼 박물관 조각공원Hirshhorn Museum and Sculpture Garden'으로 러시아 이민자의 자녀로서 6세에 미국으로 건너와 광산업으로 성공을 거둔 조셉 허시혼Joseph H. Hirshhorn의 컬렉션이 전시되고 있는 미술관이다. 실업가로서뿐만 아니라 수집가로서도 선견지명이 있던 허시혼은 고갱, 마티스, 르누아르 등 19세기부터 20세기 유럽의 거장 작품들을 포함하여 폴록,

드 쿠닝Willem De Kooning 등 미국이 자랑하는, 그러나 당시에는 주목받지 못했던 20세기 작가들의 작품을 평생 6,000점 이상 수집하여 스미소니언 연구소에 기증했다.

'아서 새클러 미술관Arthur M. Sackler Gallery'은 의학자 그리고 출판업자로서 유명한 새클러 박사가 기증한 1,000여 점의 동양미술품과 출연금 400만 달러를 기초로 하여 설립되었다. 레오나르도 다 빈치의 「지네브라 데 벤치의 초상Portrait of Ginevra de' Benci」이 있는 곳은 '내셔널 갤러리National Gallery of Art'인데 은행가이며 석유로 부를 이룬 앤드루 멜런의 컬렉션이 중심이 된 미술관이다. 멜런은 "내가 수집한 미술품은 미국 시민의 공동재산"이며 "미술관은 모든 사람들의 것이 아니면 안 된다"라는 자신의 철학과 꿈을 루스벨트 대통령에게 편지로 썼다. 멜런의 희망대로 건립된 내셔널 갤러리는 작품뿐 아니라 건물까지도 멜런 재단이 지은 것으로 대리석 건물로는 세계 최대의 건물이다. 그 외에 1876년 필라델피아에서 개최된 건국 100주년 기념 박람회 출품작들을 모은 '예술산업관', 공룡부터 인류까지 자연계의 역사를 포괄하는 '자연사박물관', 세계 최초로 동력 비행에 성공한 라이트 형제의 비행기와 아폴로 11호가 운반한 '월석Moon Rocks' 등을 소장한 '항공우주박물관'이 바로 이곳에 있다. 스미소니언 연구소는 아메리칸 드림이 만들어낸 가장 확실한 인류의 쇼

케이스로서, 희망을 가지고 꿈을 쫓아온 사람들과 그들이 이룩한 '부의 환원'이라는 민주주의의 기본 자세를 또 다른 사람들에게 연결해온 미국의 '얼굴'이다.

1829년 이탈리아에서 사망하고 현지에 매장된 스미슨은 자신의 유해를 언젠가 워싱턴으로 옮겨달라고 유언했다. 1904년 이탈리아에 있던 묘지가 인근 대리석 채석장의 확장을 위해 이전해야만 했을 때 스미소니언 연구소는 지체 없이 이장을 결정했다. 미국 땅을 밟을 기회는 없었지만 죽어서라도 미국에 오고 싶었던 과학자의 꿈은 그렇게 이루어졌다. 이장 작업의 특명을 받고 이탈리아로 파견된 사람은 다름 아닌 미국의 대표적인 과학자인 알렉산더 그레이엄 벨 Alexander Graham Bell이었다. 통칭 '캐슬'이라고 불리는 '몰'의 중심에 스미소니언 연구소 본부가 있고 지금도 제임스 스미슨은 그 입구에 위치한 대리석관에 누워 있다.

"조카에게 후사가 없는 경우에는 전 재산을 미국에 기부한다." 1826년 한 번도 방문한 적이 없는 그리고 단 한 명의 지인마저 없는 이국 땅 미국 정부에 50만 달러라는 거금을 기부한다고 유언장을 쓴 영국인이 제임스 스미슨이었다. 50만 달러를 요즘의 환율로 환산하면 대략 대한민국의 1년 예산 정도다. 거액의 기부를 제안받은 미국 정부도 놀랐다. 이름을 밝히긴 했지만 수용 여부를 두고 미국 의회에서조차 갑론을박이 있었다. 유언장을 쓴 지 3년 후 제임스 스미슨은 사망했다. 그리고 또다시 6년이 지나 당시 미국 대통령이 스미슨의 유지를 공표했다. 1835년 영국에 있는 스미슨의 조카 역시 후사를 두지 않고 사망했으므로, 다음 해 미국 의회는 유언장의 수용을 가결했고, 그로부터 2년 후에는 유언장대로 금화 10만 개가 워싱턴에 도착했다. 스미슨이 유언장을 쓴 지 12년 만의 일이었다.

제임스 스미슨은 1765년, 영국의 초대 노섬벌랜드 공작Duke of Northumberland인 휴 스미슨Hugh Smithson의 서자로 프랑스에서 태어났다. 그의 어머니는 부유한 미망인으로 노섬벌랜드 공작부인의 조카인 엘리자베스 키트 메이시Elizabeth Hungerford Keate Macie였는데 자신의 임신이 알려지기를 원하지 않아 극비리에 파리에서 출산했기 때문이다. 제임스 스미슨은 사생아였으므로 부친의 성이 부여되지 못하고 외가의 성인 메이시Macie를 사용하여 성장했다. 당시 영국에서는 집안이나 태생에 따라 직업의 규제가 있었다. 사생아인 스미슨은 명문 옥스퍼드 펨브로크 칼리지에 들어갔지만 엘리트들이 통상적으로 공부하는 정치학이나 의학을 공부할 수 없었다. 때문에 부득이 화학과 광물학을 공부하게 되었다. 졸업후 로열 소사이어티The Royal Society of London for the Improvement of Natural Knowledge(왕립학회)의 회원으로 광물학 분야에서 훌륭한 연구

헨리조셉 존스Henri-Joseph Johns, 「제임스 스미슨 초상」, 1816년.

실적을 남겼지만 사생아의 낙인으로부터 벗어나지 못하고
스스로 굴욕과 고뇌에 가득 찬 젊은 시절을 보냈다. 때문에
평생을 독신으로 보내며 연구에만 몰두했다고 한다.

50세에 이르기까지 메이시 성을 가지고 있었던 그는 아
버지 쪽의 성인 스미슨을 계승하게 해달라고 국왕에게 탄원
서를 제출한 끝에 말년에야 사용을 인정받았다. 스미슨은 아
버지 쪽의 성을 계승하게 된 후 이제는 그만이 가지고 있던
꿈을 후세에 남기고자 했다. 그는 전통에 묶여 50년간 사생

아로서 그를 푸대접해온 영국이라는 나라에 대한 분노 때문인지, 사후 모든 유산을 미지의 나라인 미국에 증여하여 아버지 쪽의 성을 붙인 스미소니언 연구소의 설립을 결심하게된다. 프랑스혁명의 한가운데에 있던 파리에서 다감한 청년기를 보내면서 이상주의를 몸에 익혔기 때문에 스미슨은 자유와 독립 그리고 희망의 사고를 품고 있었을 것이고, 그것이 그런 결심에 영향을 미쳤을 것이다.

그의 유언장에는 다음과 같은 글이 기록되어 있다. "모든 사람의 지식 향상과 보급을 목표로 하는 스미소니언 연구소를 워싱턴에 설립한다." 그러나 수용하는 미국 측으로서는 커다란 과제가 주어진 셈으로 이를 위해 미국에서 어떠한 기관을 설립할 것인가 다양한 토론이 있었다. 어떤 사람은 도서관을, 어떤 사람은 대학을 설립하자고 주장했다. 그러나 '지식'을 '학문'이라고 해석하는 종래의 생각으로는 '모든 사람들의 지식 향상과 보급'이라는 목적을 완수할 수 있을까 하는 질문에 쉬이 결론을 내릴 수가 없었다. 지식을 지성이나 교양이라고 해석하여 사회발전과의 관계를 고려하자니 지금까지는 없던 새로운 시설이나 기관을 만들지 않으면 안되었다. 즉 연구와 조사라는 전문가를 위한 시설뿐만 아니라 그곳에서 얻을 수 있는 성과들을 다시 모든 사람들에게 전달, 보급해가는 시설이 필요했던 것이다. 따라서 '민주주의'

와 '교육'이라는 두 단어가 바로 스미소니언을 건립하는 기초 용어가 되었던 것이다. 스미슨의 유산이 도착하고 8년 후 미국은 이 과제를 완수했다. 1846년 연구와 지식의 보급을 동시에 수행함을 목적으로 하는 스미소니언 연구소를 미국의 수도 워싱턴에 설립한 것이다.

결단의 힘
루브르 미술관의 설립

    나폴레옹 보나파르트^{Napoléon Bonaparte}(1769~1821)는 1810년 루브르궁에서 미술품에 둘러싸여 장중한 결혼식을 올렸다. 이미 프랑스의 황제가 되어 있는 신랑 보나파르트와 1793년 10월 16일 단두대에서 참수당한 마리 앙투아네트의 질녀 마리 루이즈^{Marie Louise}가 신부인 결혼식이었다. 보나파르트로서는 두 번째 결혼이었다. 본처인 조세핀^{Joséphine de Beauharnais}과의 사이에 아이가 없기도 했지만 보나파르트로서는 황위 후계자가 되기 위한 정략결혼이었다. 마리 루이즈는 황족 출신이라는 사실 하나 빼고는 여성으로서 매력은 전혀 없었으나 대망의 황자를 낳았기 때문에 보나파르트는 루이 16세

Louis XVI를 숙부라고 부를 수 있는 지위를 확보하는 결혼식이었다. 이 나폴레옹의 결혼식이 거행된 장소가 레오나르도 다빈치의 「암굴의 마돈나Madonna of the Rocks」, 라파엘로Raffaello Sanzio의 「아름다운 여자 정원사The Beautiful Gardener」「성모자와 성 요한Madonna and Child with the infant St. John」, 티치아노Tiziano Vecellio의 「전원의 주악The Pastoral Concert」 등 이탈리아 거장들의 걸작이 걸려 있는 '루브르 미술관Musée du Louvre'의 내실이었다.

권력자가 된 보나파르트는 새로운 구상을 떠올린다. 바로 파리를 개조하려는 계획이었다. 보나파르트가 깨달은 이유는 사실 다른 곳에 있었다. 바로 후진성을 면치 못하는 자국 프랑스를 유럽의 선진국으로 바꾸어놓고자 했다. 당시만 해도 프랑스인들은 포크의 사용법을 알지 못하고 손으로 음식을 먹고 있었다. 앙리 4세Henri IV(1589~1610)가 이탈리아에서 건너온 포크를 비로소 사용한 것이 16세기 말경의 일이다. 이러한 문화 후진국 프랑스를 새로운 국가로 만들 수 있는 바가 무엇일지 구상한 끝에 보나파르트는 바로 '미술'이라고 판단했다. 이에 따라 보나파르트는 이탈리아 거장들의 작품을 자국으로 들여오는 것을 포함하여 파리를 개조하기로 결단했다. 시대의 미美를 지배할 수 없는 한 그 시대의 진정한 권력자가 될 수 없음을 보나파르트는 이미 알고 있었던 것이다. 이에 따라 보나파르트는 막강한 권력을 가지고 파리를

앙투안장 그로스Antoine-Jean Gros,
「아르콜 다리 위의 보나파르트Bonaparte au Pont d'Arcole」, 1801년경.

예술의 수도로 만들어 미美의 요새로 개조하려는 기획을 진두지휘했다. 파리를 새로이 디자인하려는 보나파르트는 사령관 시절 방문한 이탈리아를 보고 프랑스를 이탈리아처럼 아름답게 만들고자 다짐했다. 파리의 건물들 높이를 맞추고 작은 돌들을 박은 페이브먼트pavement 작업 등을 기획했다.

보나파르트는 파리의 여러 곳에 로마풍 건축물을 짓게 하고 루브르궁을 정비하여 오늘의 초대형 미술관으로 남을 기초를 다듬었으며 실생활에서도 미술품에 둘러싸여 살았다. 고대 황제처럼 도시를 자신의 작품으로 삼아 궁전 축조와 도로 정비를 실시하고 시민의 미의식을 고취하여 프랑스라는 국가 자체를 새롭게 디자인하고자 했던 것이다. 보나파르트의 미의식은 정치의식 그 이상이었다. 그는 시대의 미의식을 지배하는 것이야말로 진정한 권력자의 특권임을 깨닫고 있었던 것이다.

중앙집권 체제 아래에서 살롱이라는 예술가 양성 기관을 상징하는 장소에서 결혼식을 연출한 발상 또한 미의식의 전략적 선택에서 비롯한 것이었다. 본시 시대를 대표하는 명장의 미술품 및 고가의 공예품은 예외 없이 언제나 최고 권력자 주변으로 모인다. 각 시대의 사상과 종교는 항상 가장 아름다운 예술품과 공예품의 모습으로 나타나 언제나 그 시대 최고 권력자의 비호 아래 존재할 수밖에 없기 때문이다. 시대를 불문하고 미의식은 인문 가치관의 최상부에 위치하고 있기 때문에 보나파르트는 도시 건축이나 궁전 축조를 통해 그 시대의 디자이너가 되고자 했던 것이다. 그러한 면에서 볼 때 보나파르트는 고대 로마제국의 위용을 현대에 재현하려고 했던 아돌프 히틀러^{Adolf Hitler}와 비슷한 면을 가졌다고도 볼 수 있다. 예를 들면 고대 로마를 후진국으로 폄하했던 고대 왕국의 땅, 이집트 원정에서 이집트 문화에 깊은 관심을 표출하며 유물 수집에 몰두한 것에서 두 인물의 공통점을 발견할 수 있는 것이다.

루브르 궁전의 역사는 1190년까지 거슬러 올라간다. 초기는 외적 방어용 요새로 건설되었는데 이것이 왕가의 보물, 기록 보관소, 가재도구 창고로 사용되다가 16세기 초 프랑수아 1세^{François I}(1515~1547) 시대가 되면서 비로소 국왕이 거처하는 거성이 되었다. 이곳에 국왕의 회화 컬렉션이 모아진 것은 17세기였는데 그 후 궁정은 베르사유로 옮겨졌지만 컬렉션은 그대로 남겨둔 채 프랑스대혁명을 맞이했다. 당시 혁명정부는 시민들이 자유롭게 출입할 수 있는 미술관 설립을 계획하고 전쟁터에서 약탈한 미술품들과 함께 전시를 계획했다. 이에 따라 루브르는 귀국한 보나파르트의 시대를 거친 후, 2월혁명에 의한 제2공화정 수립과 함께 프랑스인만을 위한 '예술의 전당'으로서 성격을 확립하게 되었다.

루브르 미술관. ©pichetw / Shutterstock.com

　이즈음 프랑수아 1세 시대와는 달리 프랑스는 이미 미술이나 패션에서 세계를 선도하는 위치에 놓여 있었다. 프랑스를 예술적인 국가로 거듭나게 하려 했던 프랑수아 1세의 희망은 3세기를 거쳐서 실현되어가고 있었고 파리를 지키는 요새로 쌓아올린 루브르는 세계 최대 최고의 미술관으로 탄생했던 것이다.

　자세히 살펴보면 왕궁인 루브르의 본격적인 미술관화는

18세기 말 프랑스대혁명 이후 급속히 진행되었다. 프랑스 근대화와 번영의 기초를 쌓아 올린 태양왕 루이 14세$^{Louis XIV}$는 1678년에 궁정을 루브르로부터 베르사유로 옮겼다. 이 때부터 루브르궁은 권력이 없는 빈 궁전이 되었는데 이것이 미술관으로서 루브르궁 역사의 원점이다. 그러나 초창기 루브르궁은 황폐함 그 자체였다. 왕이 떠난 후 남겨진 회화 작품들은 허가받은 예술가나 애호가의 관람을 위해 제공되었지만 그것들은 곧 베르사유 등지로 옮겨졌다. 거기에다 축조 도중 공사가 중단되었고 1715년 들어서 태양왕의 죽음 무렵에는 황량한 궁전 일부분을 왕립 회화조각 아카데미^{Académie} $^{Royale de Peinture et de Sculpture}$가 사용하고 있었을 따름이었다. 그러나 왕립 아카데미가 궁전의 살롱으로 불리는 방에서 정기적으로 회원 작품전을 열고 있었기 때문에 18세기 초의 루브르는 근대적 미술관 기능의 하나인 전람회장으로서 역할을 수행했던 셈이다.

루이 14세에 이은 루이 15세$^{Louis XV}$의 치세는 1789년 대혁명의 전주곡을 연주한 시대였다. '백과사전파'라고 불리는 사상가들이 과학적 사고에 따라 사회를 계몽하고자 했고 이는 서서히 혁명의 길을 개척함과 동시에 왕에게도 큰 영향을 주었다. 루이 15세도 루브르의 축조를 완성하고자 했으며 베르사유로 미술품 이전을 계획했던 것이다. 루브르를 미술관화하려는 움직임은 프랑스대혁명이 발발하여 처형된 루이 16세^{Louis XVI} 치하에서도 계속되었으나 혁명 직전의 프랑스 사회는 매우 혼란스러웠으며 궁정은 정치권력으로서 능력을 상실하고 있었기 때문에 미술관 개설 계획은 생각보다 진행되지 못한 채 부르봉 왕조는 붕괴해갔다. 그 후 미술관의 일반 공개는 시민혁명을 이룬 혁명정권에 의해 실현되었는데 혁명 발발 4년 후인 1793년 8월 10일, 중앙미술관이라는 명칭 아래 루브르의 그랜드 갤러리가 공개되었다. 다만 공개 일정은 제한적이었는데 10일 중 5일간은 모사를 하는 화가를 위해, 3일간만 일반 대중을 위해 공개되었고 나머지 이틀간은 청소를 위해 문을 닫았다. 제한적이었으나 바로 이 3일간의 일반 공개가 루브르의 기념비적인 개관으로 간주되고 있다. 당시 전시된 작품들은 537점의 유채화였는데 왕실 컬렉션과 교회 등에서 몰수한 작품들이었다. 개관 초기에는 그랜드 갤러리뿐이었던 공개 장소가 궁전 전체로 확대되었다. 오늘날 루브르의 전시 면적은 약 5만 제곱미터에 이르며 컬렉션 숫자는 현대에 들어서서 30만 점을 넘어섰다.

　루브르는 1980년대에 접어들면서 또 다른 기획을 수립하는데 고대 이집트를 상징하는 피라미드를 루브르 안뜰로 가져오는 프로젝트를 입안한 것이다. 이 기획의 이름은 '대루브르 프로젝트'라는 개조 계획이었는데 프랑수아 미테랑

François Maurice Marie Mitterrand 대통령의 결정에 따라 1981년 발표되었다. 이 기획에 루브르 개관 200주년을 기념하는 설계의 핵심인 유리 피라미드 건립 계획이 포함되어 있었다. 지금은 유리 피라미드가 파리의 명소로 정착했지만 기획안 발표 당시 상당한 비난과 부정적 비평이 제기되었다. 물론 비난이 있었다 해도 이는 다양한 의견을 표출하는 예술계의 다양성에 따른 것일 뿐이었다. 100년 전 만국박람회를 기념하기 위해 에펠탑을 건설하고자 했을 당시에도 역사 도시의 경관을 해친다 하여 모든 예술인들이 반대했던 바와 같은 것이다. 더구나 역사와 전통이 있는 루브르궁 안뜰에 스테인리스 스틸과 유리의 기하학 형체가 출현한다는데 논란이 없을 수가 없었다.

비록 논란이 있었다 해도 루브르의 안뜰에 위치한 유리 피라미드가 의미하는 바가 무엇인지가 더 중요했다. 프랑스 정부는 '대 루브르 프로젝트'가 발표될 당시 설계 기획 담당으로 중국계 미국인 건축가 페이Ieoh Ming Pei를 선임했다. 그는 미국 워싱턴의 내셔널 갤러리 신관을 설계한 인물이었다. 미의 전당인 유서 깊은 루브르를 개조한다는 계획은 매우 신중해야 했다. 더구나 발표된 계획에는 100년 이상 루브르궁 일부를 사용해왔던 대장성의 이전까지 포함되어 있었으므로 1986년으로 예정된 정권 교체기에는 이 계획의 중지가 예상

루브르 미술관 유리 피라미드. ⓒvichie81 / Shutterstock.com

된다는 추측이 강했다.

　그러나 다양한 논쟁을 넘어서 루브르 안뜰에 새로이 건축된 유리 피라미드를 본 프랑스인들은 설계자 페이가 구상한 그 진가를 알게 되었다. 페이의 설계 의도에는 유리 피라미드의 건축에 의해 루브르와 개선문을 이으며 장대한 기하학 공간을 연출한다는 목표가 있었다. 실제로 완성된 유리 피라미드의 앞쪽에서 서북 방향을 바라보면 루브르 안뜰 카루

젤^{Carrousel}의 개선문과, 그 너머 산책로와 수목이 장대한 기하학 모양을 이루는 튈르리 정원$^{Jardin\ des\ Tuileries}$, 콩코드 광장에서 거대한 바늘처럼 하늘을 가리키고 있는 오벨리스크^{Obelisk}, 샹젤리제 가로수의 좌우 대칭 공간을 거치면서 샤를드골 광장의 대개선문$^{Ggrand\ Arche}$에 이르는 장관이 일직선으로 전개된다. 오벨리스크와 피라미드가 서로 마주보며 개선문과 루브르를 보기 좋게 일직선으로 묶어놓는 이러한 구상의 의미와 웅대함은 유리 피라미드라는 조형 건축물을 비난하는 이들의 입을 다물게 만들었다. 유리 피라미드는 거장 페이의 목표대로 기존의 구역 전체를 재설계하고 있으므로 페이의 진면목이 고도로 발휘된 프로젝트였다. 미테랑 대통령까지 자신의 위신을 걸었던 '대 루브르 프로젝트'는 권력자가 프로젝트의 본질을 이해하고 있지 않으면 진행될 수 없었던 일로, 미테랑 대통령의 정치적인 결단에 따라 프랑스의 문화적 자존심을 회복하려는 의지가 실현된 결과물이라고 할 수 있다. 결국 루브르는 프랑스의 자존심을 대변하는 문화적 자산으로 오늘에 남았다.

루브르에서 유리 피라미드가 놓인 장소는 종래에는 주차장으로 사용되고 있던 '보나파르트의 안뜰'이다. 이곳은 약탈의 역사를 간직하고 있는 곳이기도 하다. 이집트 원정에서 보나파르트는 외쳤다. "자, 저기 솟아 있는 피라미드를 보라.

우리는 지금 4,000년 역사의 한가운데에 서 있다!" 식민지 약탈로 루브르의 컬렉션을 증대시킨 보나파르트의 의지는 바로 루브르의 역사였던 셈이다. 루브르 자체가 1803년부터 1814년까지 '나폴레옹 미술관'이라고 불린 것은 이러한 연유에서 기인한다. 따라서 거장 페이가 새로이 선보인 루브르 설계안은 싫든 좋든 "보나파르트 나폴레옹이 만든 파리와 루브르"를 밑바탕 삼아 발상된 것이라고 할 수 있다.

보나파르트와 미테랑은 루브르를 '회화의 전당'으로, 파리를 세계 예술의 수도로 정착시킨 장본인들로 남았다. 문화예술이란 한 국가의 중요한 자산이자 국가적인 전략의 대상이다. 루브르의 완성은 미의식이 전제된 정치적 결단에서 비롯되었다. 보나파르트의 국가 개조 의지와 미테랑 대통령의 '대 루브르 프로젝트' 기획 지휘가 그 배경이었다. 결단의 힘이 한 국가를 대표하는 작품을 탄생시킨 것이다.

애호의 힘

고궁박물원의 초석

 1925년 10월 10일 중국 '고궁박물원^{故宮博物院}' 개원식이 베이징^{北京} 고궁^{故宮}(자금성^{紫禁城})의 건청문 광장에서 개최되었다. 북벌이 종식된 후 '고궁박물원'이 정부의 공식기구로 등장한 것이다. 1930년 10월 박물원 원장은 북벌군 총사령관 장제스^{蔣介石}를 고궁박물원 이사로 청빙했고 장제스는 이를 수락했다. 장제스는 즉시 이사회 명의로 「완정고궁보관안^{完整故宮保管案}」을 행정원에 제출하고 당일에 비준을 받았다. 이에 따라 청^淸 황실 소유 문물을 고궁박물원에 합병하는 안에 따라 전국에 흩어진 유물들이 고궁박물원으로 집결하게 되었다. 소장품 규모는 약 170여 만 점으로 그 규모가 방대했다.

그러나 불행하게도 얼마 지나지 않아 소장 유물들의 기구한 20여 년 방랑이 시작되었다. 1931년 일본 관동군이 동북3성을 침략하여 9·18사변을 일으키고 만주를 점령한 것이다. 국민당 정부는 긴박해졌고 그해 9월 유물을 안전한 지역으로 옮길 준비를 시작했다.

유물들은 1만 3,491개 상자로 포장되어 15개월간에 걸쳐 수도 난징南京으로 운반되었다. 이 규모는 전체 유물의 22퍼센트였다. 계획대로 1933년 2월 6일 황실 문화재 컬렉션 2,000여 상자를 실은 18량의 열차가 베이징역을 출발했으며 모든 유물들은 1936년 11월 난징 차오톈궁朝天宮에 창고가 완성되면서 그곳으로 옮겨져 1937년 1월 '고궁박물원 난징 분원'이 공식 설립되었다. 그러나 이마저도 잠시일 뿐 유랑은 또다시 시작되었는데 1937년 여름 루거우차오盧溝橋 사변과 상하이上海 사변이 연이어 발생하여 중일전쟁이 발발한 것이다. 난징 역시 위험해지자 국민당 정부는 충칭重慶으로 천도를 결정했고 다시 피난 작전이 진행되었지만 일본군의 공습이 충칭까지 이어졌으므로 1939년 5월에는 공습을 피해 또다시 서쪽 쓰촨성四川省 러산樂山으로 옮겼다. 유물들은 이곳에서 일본과의 기나긴 전쟁이 끝날 때까지 6년간을 머물렀다. 1945년 8월 드디어 종전되면서 그동안 안순安順, 러산, 어메이峨嵋에 나뉘어 있던 보물들을 충칭으로 한데 모아 12월 9일

「북경궁성도北京宮城圖」, 15세기(명). 1925년 고궁박물원으로 용도
변경한 자금성의 옛 모습을 담은 작품.

모든 유물이 난징 차오톈궁으로 집결되었다. 이어 1948년 봄 종전 후 첫 문물전시회가 열렸지만 불행히 또 다른 전쟁이 기다리고 있었다. 항일전쟁 종료 후 대륙의 패권 다툼은 이념 분쟁으로 이어져 국공내전國共內戰이 격화된 것이다. 따라서 당초 계획했던 문물들의 베이징 이전 계획은 취소되었고 국민당 정부는 유물들을 타이완臺灣으로 옮기는 계획을 수립하게 되었다.

1948년 11월 10일 고궁박물원이사회 이사장인 국민정부 행정원장 웡원하오翁文灝의 관저에서 비공식 회의를 통해 고궁의 문물과 함께 중앙도서관의 장서를 타이완으로 옮긴다는 합의가 이뤄졌다. 이에 따라 12월 21일 국민당 해군 소속의 중딩中鼎함이 난징 샤관下關 포구에 정박했다. 11년 전과 똑같은 유물들을 같은 책임자가 또다시 옮기는 일을 실행하게 된 것이다. 그 다음 날 고궁박물원 보물 320상자를 포함한 문물 712상자를 실은 중딩함이 타이완을 향해 출발했고 타이완의 지룽基隆 항에 도착했다. 1948년 말 2차 운송선 하이후海滬함이 출발할 때는 주로 송宋, 원元 시대 국보급 도자기와 청동기 3,502상자를 실었다. 대륙에서는 1949년 10월 1일 톈안먼 광장에서 중화인민공화국이 수립되는 동안에도 유물 반출은 계속되었다. 남부 지역에서는 계속 국공내전이 진행 중이었기 때문이다. 국민당 정부는 광저우廣州에서 충칭으로 천도했고 장제스는 타이완에서 충칭으로 날아와 전투를 독려하고 있었다. 장제스는 타이완으로의 뱃길이 모두 막혀버린 사실을 알고는 공군총장에게 남은 유물을 타이완으로 옮길 것을 지시했다. 공군총장은 즉시 수송기 두 대를 수배하고 원래 운송하려던 69상자 중에서 가치가 더 나가는 38상자를 수송기에 나눠 싣고 타이베이 쑹산松山 비행장으로 날아갔다.

내전이 막바지에 이른 12월 9일 청두成都 신진新津 비행장에서는 국공내전에서 패한 국민당 수뇌부가 대륙을 탈출하는 마지막 비행기를 기다리고 있었다. 비행기에는 산시山西의 맹주 옌시산閻錫山이 황금 두 상자를 실었는데 비행기가 이륙하려는 순간 저명한 화가 장다첸張大千이 둔황敦煌 벽화 78점을 가지고 나타남에 따라 고민이 생겼다. 비행기가 적재 중량을 초과한 상태여서 그 그림들을 실을 수가 없었다. 교육부차관 항리우杭立武가 자신의 짐을 버리면서 장다첸에게 "내 전 재산 황금 수십 냥이 들어 있는 재산을 버렸소. 당신이 가져온 저 그림들을 고궁박물원에 기부한다고 약속하면 실어주겠소"라고 요구하자 즉시 장다첸은 갖고 있던 명함에 동의 각서를 써주었다. 이에 국민당의 고관, 1명의 화가, 황금 두 상자, 78점의 그림을 실은 국민당 최후의 비행기가 대륙을 이륙했다. 이후 일본으로부터 돌려받은 문화재까지 모두 5,606

상자의 유물이 타이완으로 옮겨졌다.

그리하여 1965년 타이베이에서는 베이징 '고궁박물원'의 건축 양식을 모방한 또 다른 '고궁박물원'이 개관했다. 타이완 '고궁박물원'은 송, 원, 명, 청 네 왕조의 궁정 유물 24만 점을 포함해 65만 점의 유물을 소장하게 되었다. 요즈음도 전시 공간이 부족하여 유물 2만 점만을 진열하며 3개월마다 새롭게 전시 품목을 교체 전시하고 있다고 한다.

국립고궁박물원(타이베이, 타이완).

중국인들은 말한다. 세상에는 두 개의 '고궁박물원'이 존재한다고. 일반적으로 알려지기는 타이베이 고궁박물원에는 경량이지만 귀중한 역사적인 사료 가치가 대단한 유물들이 소장되어 있고 베이징 고궁박물원에는 비교적 중량이 나가는 유물들이 주종을 이루고 있다고 한다. 국민당과 공산당의 이념 갈등에 따라 유물조차 갈라지게 된 것이다. 중국 본토 중국인들은 타이베이 고궁박물원에 소장되어 있는 유물을 볼 수가 없기 때문에 타이베이 고궁박물원의『고궁 문물故宮文物』을 탐독한다고 한다. 심지어 "타이베이에는 유물은 있지만 고궁이 없고, 베이징에는 고궁은 있어도 유물이 없다"는 말까지 나온 것도 이 때문이다.

베이징 고궁박물원은 약 15만 점의 서화를 소장하고 있다. 그러나 타이베이 고궁박물원은 베이징 고궁박물원이 보유하지 못한 송대宋代 이전의 문인화 등에서 압도적이다. 특히 송대 문인화 943점은 명품 중의 명품이다. 원래는 베이징 고궁박물원 소장품이었으나 비교적 운반하기 가벼운 회화 족자류여서 타이완으로 가져갔다. 운반하기 불가능한 무거운 유물들은 그대로 둔 채 운반이 용이한 족자류 중심의 유물만 타이베이로 옮겨갔던 것이다. 반면 도자기들은 베이징 쪽이 우세하다. 청 황실 소장품 중심의 유물은 타이베이로 넘어갔다. 신석기시대의 채도 및 위진남북조魏晉南北朝시대의 도자기는 베이징 측이 단연 우세하지만 도서와 전적에서는 타이베이 고궁박물원이 압도적이다.

고궁박물원 사례에서 무엇을 읽을 수 있는가?

첫째, 정부 및 관리의 문화에 대한 의식의 중요성을 말해준다. 가장 중요한 컬렉터는 다름 아닌 중국 황실이었다. "하늘 아래 왕의 땅이 아닌 곳이 없고, 땅 위 사람 중 왕의 신하가 아닌 사람이 없다普天之下 莫非王土 率土之濱 莫非王臣"는 왕토사상을 신봉하던 중국 황실은 가장 뛰어난 컬렉터였으며 왕조가 바뀌면 새로 들어선 황실이 이전 왕조의 모든 문물을 취했던 것이다.

둘째, 장제스와 같은 국가 지도자와 고위 관리들의 깊은 문화 애호심을 말해준다. "어떤 대가를 치르더라도", 다시 말해 다른 피해를 무릅쓰더라도 문화재만큼은 보호해야 한다는 애호심이 그것이다.

대한민국 국립중앙박물관은 세계적인 규모를 자랑한다. 관람객 수 기준 아시아 1위, 세계 10위에 해당하고 소장 유물은 33만여 점에 이른다. 다만 그 존치의 역사는 기구하다. 국립중앙박물관 컬렉션의 기초는 조선총독부박물관, 이왕가박물관, 국립민족박물관의 소장품들을 합친 것이다. 총독부박물관과 이왕가박물관이 모두 일제에 의해 설립되었기 때문에 처음에는 조선총독부박물관을 인수 개편하여 1946년

장제스

에 덕수궁 내 석조전 건물에서 박물관을 개관한 것으로 되어 있다. 그러나 이명박 정부 들어서면서 이왕가박물관이 1909년 대한제국의 제실박물관에서 비롯되었다는 점에 착안하여 박물관의 시작을 제실박물관으로 보고, 2009년을 한국 박물관 100주년의 해로 선포했다.

한편 한국전쟁 때 국립중앙박물관 유물을 어떻게 관리 보존했는지 살펴보고자 했으나 자료가 미약하여 비교할 수가 없었다. 유일한 자료인 전 국립중앙박물관 관장 최순우의 일대기 『혜곡 최순우^{兮谷 崔淳雨}』를 보면 일부 이야기가 나온다. 경복궁 경내의 총독부박물관 자리에 있던 유물들은 한국전쟁 통에 부산으로 피난을 떠났다. 서울을 점령한 인민군이 유물을 가져가려고 박물관 직원들을 협박하여 유물들을 포장하게 했는데, 직원들은 일부러 유물 포장 작업을 지연하는 기지를 발휘했다고 하며 서울이 수복되면서 대부분의 유물들을 부산으로 옮겼다는 이야기만 짤막하게 전해진다. 이 부산 피란과 관련해서는 최순우 등 박물관 직원들 이야기만 등장하지 위정자들의 이야기는 어디에서도 찾을 수 없다. 바로 문화를 애호하는 앙트러프러너십이 있느냐 없느냐의 문제가 아닐까 한다. 문화예술에서의 앙트러프러너십을 말할 때는 이 무한한 애호 정신을 빼놓을 수가 없다.(이상의 글은 「중앙일보」 2010년 7월 21일자에 실린 「대만으로 간 중국 보물」을 일부 재편집했다.)

제3의 눈

보스턴 미술관의 뿌리

미국 뉴잉글랜드 지방은 매우 한적한 분위기로 오늘날의 유럽 지방도시를 연상하게 하는 지역이다. 유럽으로부터 신천지를 찾아 메이플라워호를 타고 온 이민자들이 도착한 코드 만^{Cape Cod}이 속한 매사추세츠와 코네티컷, 로드아일랜드, 버몬트, 메인, 뉴햄프셔 여섯 개 주로 이루어진 뉴잉글랜드 지방은 미국의 다른 지역과 달리 이민 초기 시절부터 전통을 중시하는 등 남다른 문화적 자부심을 가지고 있다. 그러한 자부심에도 불구하고 뉴잉글랜드 지방은 19세기 중반까지만 해도 다른 지역과 달리 있어야 하지만 없는 것이 하나 있었다. 바로 미술관이었다.

1870년대에 들어서면서 시민들의 요청으로 주 의회가 미술관 설립을 결정했는데 그것도 여러 차례 토의를 거친 것이 아니라 단 한 번의 회합으로 결정된 사실을 보면 미술관 건립을 요구하는 당시 주민들의 열의를 짐작할 수 있다. 건립 결정이 이루어지고 6년이 지난 후 '보스턴 미술관^{Museum of Fine Arts, Boston}'이 보스턴 시 중심가에 건립되었다. 보스턴 미술관은 처음부터 추구하는 목표가 사뭇 달랐다. 건립 헌장에 미술품의 수집, 보존, 전시는 물론 교육 기능까지 포함되어 있어서 미술관 개관과 더불어 미술대학까지 개설한 것이다. 오늘날 보스턴 미술관의 수장품 규모는 100만여 점을 넘는다. 요즈음 인상주의 회화를 큐레이팅하려면 파리의 뮈제 도르세(오르세 미술관)와 더불어 보스턴 미술관 컬렉션과 협의가 필수일 정도이다. 수장품으로는 최고의 작품으로 평가되는 「수련^{Les Nymphéas}」을 포함한 모네의 작품 38점, 르누아르의 「부지발의 무도회^{Bal à Bougival}」, 그리고 세잔, 고흐, 고갱 등 수많은 인상파 화가들의 작품과 조지아 오키프, 데이비드 호퍼 등 미국을 대표하는 작가들의 작품이 망라되어 있다.

보스턴 미술관의 컬렉션은 이뿐만 아니라 1905년부터 하버드 대학과 공동으로 40여 년간 발굴 조사를 진행했던 고대 이집트 왕조의 동상과 부장품, 세계 각국 염직물과 장식품 등으로 구성되어 있다. 그야말로 모든 나라, 모든 분야, 지

보스턴 미술관. ⓒOsugi / shutterstock.com

역, 시대를 막론하는 미술품들을 한곳에서 볼 수 있는 초대
형 미술관으로 남아 있다. 그러나 이런 방대한 규모의 컬렉
션을 자랑하는 보스턴 미술관과 관련하여 우리가 모르는 사
실이 하나 있다. 바로 보스턴 미술관이 세계에서 가장 뛰어
난 일본미술 컬렉션을 보유하고 있다는 점이다. 일본조차 스
스로 지키지 못한 일본미술을 보스턴 미술관이 지니고 있는
데 무려 10만여 점을 넘는 규모이다. 8세기 초에 시작된 나

라奈良, 헤이안平安 시대 등 옛 작품 및 문화재급 작품을 다수 포함하고 있어 질적인 면에서 세계 최고라고 평가받는다.

어떠한 배경으로 이렇게 많은 일본미술품을 수집할 수 있었을까. 일본 스스로 일본미술의 가치를 느끼지 못할 때 가치를 알고 있던 미국인 수집가 몇몇의 꿈과 집념으로 모아졌음이 그 답이다. 현대에 들어서서는 결코 미술시장에 나오지 못할 중요한 문화재들을 믿기 어려운 저렴한 가격으로 매입할 수 있었으며 어떠한 규제도 없이 일본으로부터 국외로 반출할 수 있었던 것이다. 대부분의 서양 미술관들은 우선적으로 자국 미술품을 수집하고 그 수집품이 일정 수준에 도달하면 다른 분야의 미술품을 수집하는 것이 순서이다. 보스턴 미술관과 같은 해에 설립된 뉴욕 메트로폴리탄 미술관에 아시아미술부서가 설립된 것이 1915년이었다. 그런데 보스턴 미술관은 달랐다. 개관 14년째인 1890년에 이미 일본미술부서를 발족시켰던 것이다. 그 숨은 배경이 중요한데 여기에는 세 명의 뉴잉글랜드인이 등장한다.

1877년은 일본 역사가 에도江戸 시대에서 메이지明治 시대로 넘어간 지 10년이 지난 해다. 이때 뉴잉글랜드 출신의 한 남자가 요코하마 항구에 도착했다. 그의 이름은 에드워드 실베스터 모스Edward Sylvester Morse(1838~1925)였다. 동물학자로서 해양 완족류를 연구하고 있던 모스는 많은 완족류가 일본해에 서식하고 있다는 소식을 듣고 일본을 방문한 참이었다. 도쿄 제국대학東京帝國大學 이학부 교수로 취임한 모스는 다윈의 진화론을 처음으로 일본학계에 소개하고 오모리大森 패총貝塚 발견자로서 고고학 발굴 조사를 진행한 장본인이다. 그는 20세 때 보드윈 대학에서 철학 박사학위를 취득하고 하버드와 예일에서도 박사학위를 취득한 박람강기한 학자였다. 자신이 흥미를 가진 분야에는 과학자로서의 날카로운 관찰력과 풍부한 지식을 구사하며 연구에 몰두했다. 일본 체류 중 일본 도자기에 매료된 그는 6,000여 점의 작품을 수집했을 정도였다. 그의 수집이란 미술품 수집이라기보다 과학자가 표본을 만들기 위해 온갖 샘플을 모으는 것과 같아서 일본 각지의 도자기를 망라하는 컬렉션을 이룩했다. 일본을 세 번 방문한 후 모스는 보스턴에서 일본에 관한 강연회를 열었다. 강연을 통해 보스턴 사람들에게 일본에 가야만 한다고 역설했고 모스의 노력으로 보스턴에서는 일본이라는 미지의 나라에 대한 관심이 증폭되었다.

당시 25세의 뉴잉글랜드인인 어니스트 프랜시스코 페놀로사Ernest Francisco Fenollosa(1853~1908)도 모스의 강연을 들었다. 그는 일본이라는 나라에 매료되어 결국 1878년 일본을 방문하게 된다. 일본 도착 후 페놀로사는 모스의 소개로 도쿄 제국대학 교수로 취임하는데 전공은 철학이었지만 일본미술에 깊은 흥미를 보였다. 그는 당시 일본에서는 하나의 기술로만 치부되던 창작 작업에 처음으로 '美術'이라는 정의를 내린 사람으로 알려져 있다. 페놀로사는 일본 각지의 사찰을 방문하여 수장된 미술품들을 조사하고 많은 일본화들을 수집했다. 페놀로사의 뛰어난 컬렉션 중 하나로「헤이지 이야기 두루마리 그림平治物語絵巻」이라는 13세기 가마쿠라鎌倉 시대에 그려진 작품이 있다. 에도 시대 혼다本多 가의 소장품인 이 작품은 헤이지의 난平治の乱(1160) 이야기를 담아낸 뛰어난 두루마리 그림이다.

페놀로사에 이어 일본을 방문한 또 다른 이는 파리 '파스퇴르 연구소'에 근무한 적 있는 의사 윌리엄 스터지스 비글로William Sturgis Bigelow(1850~1926)다. 그는 여름휴가를 일본에서 보내기 위해 1882년 모스의 세 번째 일본 방문에 동행했는데 이때 7년간 장기 체재했다. 이 기간 중 그는 에도 시대의 풍속화를 중심으로 7만 점에 이르는 일본미술을 수집한다. 그 후 모스, 페놀로사, 그리고 비글로 세 사람은 의기투합하여 "고향 보스턴에 세계에서 가장 큰 일본미술 컬렉션을 만들자"라고 합의했다.

한편 개성 넘치는 세 명의 뉴잉글랜드 사람들 외에 한 사람의 일본인이 등장하는데, 바로 세 사람의 통역을 맡은 도쿄 제국대학 학생 오카쿠라 덴신岡倉天心(1862~1913)이었다.

(왼쪽 위) 모스.
(오른쪽 위) 페놀로사.
(왼쪽 아래) 비글로.

1862년 메이지 유신에 앞서 태어난 덴신은 무역상을 하던 아버지의 영향으로 어린 시절부터 영어를 배웠으며 요코하마에 있던 친가에 외국인들이 자주 출입했기에 일찍이 국제 감각을 몸에 익혔다. 1877년 도쿄 제국대학에 입학한 덴신은 페놀로사로부터 철학을 배운 인연으로 페놀로사와 그의 두 친구 통역을 맡았다. 이는 덴신과 세 뉴잉글랜드인에게 운명적인 조우라고 할 수 있다.

문명개화가 이루어질 무렵인 메이지 초기에 일본에서는 누구나 서양 문명을 받아들이는 데 열정을 보였다. 반면 일본의 과거 문화는 하찮은 것으로 치부되었다. 그러나 그런 풍조와는 반대로 덴신과 세 뉴잉글랜드인은 저평가된 일본 미술에 주목했다. 그들은 일본미술을 매개로 한 동료이자 일본 전통미술의 부흥을 위해 함께 노력한 동지였다. 1880년 18세에 도쿄 제국대학을 졸업한 덴신은 문부성에 들어가 관료로서 사찰이나 신사에 있는 미술품의 조사를 진행하고 유럽의 미술 교육을 시찰했는데, 그러한 여행에는 페놀로사나 비글로도 동행했다. 시일이 흐른 후 제국박물관 이사 겸 미술부장이 된 덴신은 1890년 개교 1년째의 도쿄 미술학교東京美術學校 교장으로 취임했다. 그러나 승승장구하던 덴신은 문부성 상사인 구키 류이치九鬼隆一 남작의 부인과 연애 사건을 일으켜 모든 공직에서 물러나야 했다. 결국 재야인사가 된

오카쿠라 덴신.

덴신은 1898년 사립 미술학교인 일본미술원[日本美術院]을 설립했으나 경영에 실패하고 인도로 도피하기에 이르렀다.

한편 세 번째 일본 방문에서 귀국한 모스는 보스턴 교외의 세일럼[Salem]에 있는 '피바디 박물관[Peabody Essex Museum]' 이사로 부임하여 그곳에 일본미술부를 개설했다. 1890년에는 자신의 컬렉션을 보스턴 미술관의 150명 유지들에게 매각하고 자신도 도자기 전문 큐레이터로서 보스턴 미술관에서 근무하기 시작했다. 본인의 자리를 찾아갔던 것이다. 1882년

이후 7년 이상 일본에 체재하던 비글로는 1886년 자신의 컬렉션을 보스턴 미술관에 일괄 기증했다. 그는 거기서 그치지 않고, 일본에 체류하던 또 다른 친구인 찰스 고더드 웰드Charles Goddard Weld에게 페놀로사의 컬렉션을 모두 구입하여 보스턴 미술관에 기부할 것을 제안하여 결국 '페놀로사 웰드 컬렉션'이 보스턴 미술관에 만들어졌다. 이렇게 하여 1890년까지 모스, 비글로, 페놀로사 세 사람의 컬렉션이 모두 보스턴 미술관으로 집결되었다.

"보스턴에 세계에서 가장 큰 일본미술 컬렉션을 만들자"라고 외쳤던 그들의 꿈이 8년 만에 실현된 것이다. 얼마 후이 모든 일본미술품의 수집에 연관되어 있던 덴신이 보스턴에 정착했다. 그는 일본미술 조언가 및 큐레이터로서 활동하다가 1913년 사망했다. 당시 덴신의 말이다. "하나의 지붕아래 이 정도 일본미술품이 소장되어 있는 곳은 보스턴 미술관 외에는 없다." 덴신이 사망한 후 보스턴 미술관은 그의 수집품을 모두 구입했고, 이로써 4명의 컬렉션은 보스턴 미술관 한곳으로 모이게 되었다. 다만 덴신에 대한 사후 평가는 논란의 여지가 있다. 아시아는 하나라고 주창한 일본 군국주의의 사상적 선구자로 보는 평가가 그것이다. 현재 보스턴 미술관에는 덴신엔天心園: Garden of the Heart of Heaven이라고 부르는 일본 정원이 그의 이름과 함께 남아 있다.

열정의 결과

뉴욕 근대미술관의 탄생

'모마^{MoMA}'라는 약칭으로 더욱 친숙한, 세계에서 가장 유명한 미술관 중 하나인 뉴욕 '근대미술관^{Museum of Modern Art}'이 개관한 때는 1929년 11월 7일이었다. 모마는 불행하게도 뉴욕 주식시장이 대폭락하고 약 10년간 계속된 경제대공황이라는 혼란을 개관과 함께 맞았다. 개관 초기부터 매우 어려운 경제 상황에 직면한 것이다. 그러나 경제공황에 따른 재정적인 어려움은 어려움이 아니었다. 모마가 기존 미술관들의 보수성에 도전하는 새로운 이념을 가지고 출발했으므로 조롱과 멸시가 뒤따랐기 때문이다.

모마 설립의 동기는 뉴욕에 있는 또 다른 거대한 미술관인 메트로폴리탄 미술관에서 이루어진 한 전람회 때문이었다. 그 전람회의 성사를 위해 동분서주하던 여성이 있었는데 그녀의 이름은 릴리 블리스Lillie P. Bliss(1864~1931)였다. 성공한 섬유산업 사업가로 매킨리William McKinley, Jr. 대통령 시절 내무장관을 역임했던 아버지를 둔 그녀는 당시 현대미술 컬렉터로서 뉴욕 미술계에서는 잘 알려진 인물이었다. 블리스는 친구이자 유명한 화가 아서 데이비스Arthur Bowen Davies와 함께, 1921년 메트로폴리탄 미술관을 설득하여 인상파에서 피카소까지 포함하는 현대미술전람회 개최를 추진했다. 메트로폴리탄으로서는 미술관 개관 이래 처음 시도하는 현대미술전이었다. 그러나 매스컴은 그 전람회를 지극히 냉담하게 다루었는데 그러한 미디어의 반응에 질려버린 메트로폴리탄 미술관은 그 후 현대미술을 아예 멀리하기 시작했다. 메트로폴리탄 미술관에서 씁쓸한 경험을 한 블리스는 "새로운 미술을 선보이기 위해서는 새로운 이념을 가진 미술관이 필요하다"라는 신념으로 데이비스와 함께 새로운 미술관 설립을 구상하게 되었다.

당시 미국에서는 19세기 후반이나 20세기 작품, 하물며 생존한 작가의 작품을 다루는 미술관이 없었다. 21세기인 요즈음 전람회를 하면 긴 줄이 생길 정도의 인기 화가인 세잔, 고흐 등이 당시에는 어떠한 미술관들로부터도 받아들여

지지 않던 시대였다. 1928년 겨울, 이집트를 여행하던 블리스는 뉴욕 사교계의 동료이자 미술에 공동 관심사를 지니고 있던 부호 존 D. 록펠러 2세[John Davison Rockefeller, Jr.]의 아내인 애비 록펠러[Abby Rockfeller]를 우연히 만났다. 두 여성은 이집트에서 새로운 미술관 구상 프로젝트를 서로 의논했고 이에 따라 귀국 후 역시 컬렉터로 알려져 있던 유복한 변호사의 아내인 메리 설리번[Mary Quinn Sullivan]을 이 '모험'에 끌어들였다. 70년 전 미국의 상류계급 여성들이 이집트의 호화로운 호텔에서 '새로운 계획' 즉 기존 가치관에 도전하는 언뜻 매우 위험하기도 한 기획을 의논하는 모습을 상상하면 그 의미를 알 것이다. 그러나 그녀들의 계획은 한가한 마담들의 이야기만으로 끝나지 않았다. 용기와 집행 의지, 재력 그리고 무엇보다 새로운 예술을 향한 열정이 바로 모마를 탄생시킨 원동력이었던 것이다. 이렇게 이집트 여행에서의 회동 후 1년 만에 모마는 탄생했다.

요즈음이야 어느 기업이나 개인이 현대미술을 다루는 미술관을 설립한다는 소식이 들리면 당연시하겠지만, 당시만 해도 현대미술을 다루는 미술관을 설립한다고 하면 비정상으로 치부되던 시절이었던 것이다. 설립 후 그녀들은 미술관 이사회의 초대 회장에는 앤슨 굿이어[Anson Conger Goodyear]를, 초대 관장으로는 앨프리드 바 주니어[Alfred H. Barr, Jr]를 초빙했

모마. ©littleny / Shutterstock.com

다. 굿이어는 버펄로에 있는 미술관 관장 시절 피카소 작품
을 매입하려다 반대에 부딪혀 해직된 바 있었다. 이러한 경
험의 소유자였기에 그녀들이 굿이어를 회장으로 선택했다
고 생각하는 편이 맞다. 앨프리드 바 주니어는 약관 27세의
젊은이로서 프린스턴과 하버드 대학에서 미술사를 공부한
수재였지만 미술관 실무에는 경험이 없었다. 하지만 그는 당
시 웰즐리 대학에서 미국 대학으로서는 처음으로 현대미술

을 강의하고 있었다. 이사회는 경험 많고 나이도 있는 기존의 인물을 선택하기보다는 지식과 정열을 가지고 가르치는 무명 청년을 새로운 미술관의 초대 관장으로 고용한 것이다. 앨프리드의 지휘 아래 모마의 개막 전시가 5번가에 있는 빌딩 12층에서 열렸다. 세잔 35점, 고갱 11점 그리고 고흐 18점을 모은 전람회였다. 고흐가 사망한 지 약 40년 그리고 세잔이나 고갱이 세상을 떠난 지 4반세기가 지났음에도 당시 미국에는 이들 작가의 작품을 수집하고 있는 미술관이 한 곳도 없었다. 전람회는 대성공이었다. 기존의 가치관으로는 평가할 수 없는 새로운 작품들을 선보인 전람회는 경제공황 상태였음에도 불구하고 개막 전시 5주 동안 4만 9,000명이라는 경이적인 입장객 수를 기록했다. 이 전람회는 그때까지만 해도 유복한 특권계급이나 지식층이라고 부를 수 있는 상층부 사람들만의 전유물이었던 새로운 미술을 일반인에게도 소개할 수 있는 기회를 창출했던 것이다.

개막전을 성공시킨 앨프리드는 당시 그의 작품 수집 정책을 이렇게 말했다. "이 미술관은 시간 속을 헤쳐 나가는 어뢰다. 앞쪽은 언제나 전진하는 현재, 후방은 언제나 멀어지는 50년에서 100년 사이의 과거." 이 말은 살아 있는 동시대의 작품을 수집한다는 뜻이다. 앨프리드는 게다가 회화나 조각 등 이른바 '순수예술'뿐만 아니라 '응용예술'이라고 불리는 건축이나 공업디자인 그리고 영화나 사진 등 우리 생활에 밀접한 것들 중에서도 예술적 가치를 찾아내 소개하는 큐레이팅을 시도했다. 이는 당시 미술관으로서는 처음 시도한 일로 '순수예술'과 '응용예술'의 벽을 없애고 모든 예술품이 생활에 깊게 침투하여 일상과 긴밀히 관여하는 미술 정책을 추구했다. 이에 따라 앨프리드는 이미 1930년대에 '기계 미술전'을 열어 베어링이나 스프링 같은 기계 부품을 전시한 것은 물론 '5달러 이하 일상품 전'에서는 5달러 이하로 살 수 있는 일상용품 중 뛰어난 디자인 상품들을 소개하는 작업까지 시도했다. 이러한 전람회를 통해 "미란 가치와는 관계가 없다" "보는 눈을 기르기만 하면 아름다운 것은 주위에 얼마든지 있다"라는 그만의 철학을 구현해냈다. 1940년대에는 디자인 공모전을, 그리고 1950년대에는 '굿 디자인 전'을 개최하여 기능미 있는 뛰어난 디자인이란 어떠한 것인지를 지속적으로 소개했다. '사람' '생활' '사회' 그리고 '현재'에 주목한 모든 시각미술을 대상으로 삼는 그러한 활동은 오늘날의 모마에까지 영향을 미치고 있다.

1929년 개관할 당시 모마는 수집품이 한 점도 없었다. 그러나 개막 후 많은 후원자들의 기증이나 자금 지원으로 컬렉션은 팽창해갔다. 개관 2년 후에 사망한 블리스는 세잔 수십 점과 피카소, 고갱 등 다수 작가의 작품들을 기증했으며,

모마 내부. ©Anton_Ivanov / Shutterstock.com

록펠러 부인 역시 2,000점에 이르는 작품을 기증했다. 이에 공간이 비좁아진 모마는 새로운 건물을 건축할 수밖에 없었다. 1930년대 중반 맨해튼 53가에서 54가 사이에 몇 채의 건물을 구입한 미술관은 1937년 존 D. 록펠러 2세로부터 미술관에 인접한 토지를 기증받았으며 대공황 중인데도 불구하고 이사회의 회원들은 100만 달러가 넘는 건축 자금을 모을 수 있었다. 그리고 드디어 1939년 현재 모마의 원형이 되는 미술관을 짓기에 이르렀다. 그 후 몇 번의 개축을 거듭한 뒤 1984년에는 10년에 걸친 대 증축을 집행하여 오늘날 우리가 알고 있는 모마가 완성되었다. 모마는 건축 당시 토지의 지상권 일부를 개발업자에게 매각하여 그곳에 고층 고급 맨션을 세우고 이윤 일부를 건축 자금에 충당하는 매우 현대적인 건축 자금 조달 방식을 도입했을 정도로 공격적이었다. 현재 모마는 총 수집품 수 약 10만 점, 연간 총 예산 약 1,000억 원, 42개 부문에서 일하는 종사자 수 약 530명, 연간 방문자 수 약 400~500만 명으로 명실공히 세계에서 가장 중요하고 영향력 있는 미술관으로 자리매김했다. 모마는 현재 또 다른 개축을 준비 중이다.

세 여성이 무슨 이유로 모마를 건립했는지를 파악하려면 설립자 중 한 사람인 애비 록펠러의 말을 들어보면 알 수 있다. "생전에 한 점의 작품밖에 팔리지 않은 채 불우한 일생을 보낸 천재 화가 고흐가 겪은 비극을 되풀이해서는 안 된다. 고흐의 비극은 앞으로도 반드시 반복될 것이므로 작품이 제작되었을 때와 일반인들이 감상할 때까지 시간의 간극을 가능한 한 줄여야 한다." 모마는 이러한 세 여성의 열정으로 탄생한 것이다.

혁신적 사고
기차역을 뮈제 도르세로

1930년대의 파리는 더욱 새로운 시대를 맞이했다. 문화예술로 세계를 이끌어 나가는 수도가 된 것이다. 파리의 몽파르나스 지역은 1920년대에 들어서면서 세계의 예술인들로서는 누구나 한번쯤 살아보고 싶은 지역이 되었고 이에 따라 파리는 명실상부한 세계 문화의 중심이자 유럽의 중심 도시로 발돋움하고 있었다.

1900년 파리 만국박람회를 기념하여 오를레앙 철도회사는 파리에서 남서 방향으로 출발하는 오르세역^{Gare d'Orsay}을 건축한다. 여행 붐 시대를 맞아 늘어나는 여행객들을 수용하기 위한, 다시 말해 리조트 여행객들을 위한 새로운 기차역의 필요성에 따른 것이었다. 이에 따라 당시로서는 파리 최고의 건축물 중 하나로 오르세역이 완공되었다. 빅토르 랄루 Victor Laloux가 설계한 오르세역은 현대적인 철골 구조를 기반으로 화려한 석조를 입힌 건축물이었는데 역 내부에는 고급 호텔까지 운영했다. 16개의 기차선로와 엘리베이터, 화물용 엘리베이터 등 당시로서는 최신식 시스템이 도입된 단연 뛰어난 기차역이었다.

그러나 프랑스 남서 방향을 향하던 오르세역은 더 이상 그 기능을 유지할 수가 없게 되었다. 늘어나는 여행객들을 감당하기 위해 늘어난 객차 수를 수용할 수 없어진 것이다. 1939년 오르세역은 마침내 기차역으로서 기능을 마감했다. 당시 파리에서는 오르세역만이 문제가 아니었다. 늘어나는 인구로 인해 자동차 인구가 부쩍 늘어나면서 도심이 복잡해져갔다. 이제 파리는 새로운 도시계획이 필요했고 이에 따라 도심의 오래된 건축물들의 재활용 안이 제출되어 오르세역을 비롯한 여러 기차역들이 폐쇄되었다. 그중에서도 특히 오르세역이 폐쇄된다는 것은 파리로서는 유수한 건축물 하나가 사라진다는 것을 의미했다. 이에 파리 사회에서는 파리가 아끼는 건축물 하나가 사라지는 것을 두고 다양한 의견이 제기되었다. 1930년대 파리에서는 도시재생 urban regeneration이란 용어조차 없을 시기였다.

이때 프랑스 방송계의 중진으로 기업에 의한 예술운동을 주창하던 자크 리고Jacques Rigaud(1932~2012)가 등장했다. 그는 오르세역이라는 역사적 건축물의 재활용 기획안을 들고 나섰다. 그가 문화부장관을 만나 설득하고 퐁피두Georges-Jean-Raymond Pompidou 대통령에게 진언한 끝에 오르세역은 그의 끈질긴 제안대로 미술관으로 변신할 기회를 맞이했다. 그리하여 오르세역은 오늘날 '인상파의 궁전'으로 불리는 '뮈제 도르세Musée d'Orsay(오르세 미술관)'로 재탄생하게 되었다. 1970년 초부터 낡은 기차역을 다른 용도로 변경하자는 논의가 진행되었고 1978년 오르세역은 역사적 기념물로 지정되었다. 그 후 미술사학자 프랑수아즈 카생Françoise Cachin이 감독을 맡

오르세역, 1920년. 우편엽서.

아 뮈제 도르세로 변환되었는데, 그 이면을 보면 당시 인상주의 컬렉션을 소장하고 있던 죄드폼 국립미술관^{Galerie nationale du Jeu de Paume}이 포화상태가 됨에 따라 시기별로 미술품을 분산시키려는 계획을 세웠고 그 계획 중 하나로 오르세역을 미술관으로 활용하자는 방안이 수립되었던 것이다. 미술관으로의 개축은 19세기에 건축된 기차역의 원형을 최대한 보존하면서 작품들과 어우러지도록 한다는 방안이 만들어졌고 프로젝트는 건축가 그룹 ACT가, 내부 인테리어는 이탈리아 건축가 가에 아울렌티^{Gae Aulenti}가 맡았다. 그리고 1986년 12월 미테랑 대통령에 의해 미술관 개관이 선언되었다.

기차역을 개조한 독특한 미술관인 뮈제 도르세는 일반적인 미술관 건축물과는 사뭇 다른 모양새를 갖고 있다. 당시 궁궐이나 사원을 개조하여 다른 목적으로 사용한 예는 많았지만 기차역을 개조해 유용한 목적물로 사용하는 예는 없었다. 사실 오르세역은 기차역으로 건립될 때도 많은 의견이 제기되었다. 오르세역이 건립되던 1900년, 파리 시민들은 무슨 기차역이 미술관 같으냐고 비판했었는데 화려한 천장 장식을 두고 한 비평이었다. 늘 증기기관차의 시커먼 석탄 연기에 그을린 역만 보던 파리 시민들에게 전기기관차 전용 기차역으로 건축된 말끔한 오르세역은 상당히 낯설었을 것이다. 오르세역이 미술관으로 변신을 한 다음에는 오히려 다른 미술관들은 기차역 같다는 가십이 나오기도 했다.

뮈제 도르세는 수장품의 대부분을 차지하는 인상파 작품들의 화풍 밝기에 더하여 아치 유리 천장으로 쏟아져 들어오는 햇볕 덕분에 미술관이라기보다는 따뜻한 온실처럼 경쾌한 공간 분위기를 연출한다. 뮈제 도르세의 수장품은 총 2만 6,000점으로 루브르 미술관의 10분의 1이 채 안 되지만 반나절만 둘러봐도 넉넉히 관람하고 충분히 감상했다는 만족감을 주는 미술관이다. 미술관 구조는 거대한 미궁 같은 루브르와는 대조적으로 매우 단순하다. 시시각각 변화하는 풍경의 색채를 그려낸 인상파 작품과 함께하기에 밝고 단순한 뮈제 도르세보다 나은 공간은 없지 싶다. 무엇보다 19세기 말 '리조트의 궁전'을 목표로 하여 건축된 새로운 오르세역은 인상파 작품의 화풍과도 직결되기 때문이다.

제1회 인상파전이 개최된 것은 1874년이었다. 당시 전람회의 공식 명칭은 '화가, 조각가, 판화가 협회전'이었는데, 모네의 출품작인 「인상, 일출Impression, soleil levant」을 혹평한 데서 '인상파'라는 이름이 나왔다. 오늘날에는 유럽 풍경화의 전형이라고 할 수 있는 모네의 이 그림에 대해 당시 사람들은 미완성 작품이라고 폄하하며 '인상을 그린 것에 지나지 않는다'는 보수적인 비판을 가했다. 당시 비판받지 않는 그림이란『성경』, 신화, 역사 속 장면을 차분하게 매우 사실적으로

뮈제 도르세.

뮈제 도르세 내부.

그려낸 것이어야 했다. 모네처럼 풍경의 인상을 스케치풍으로 그린 그림은 전시될 수 없는 작품으로 여겨졌다.

뮈제 도르세는 수장품의 연대를 한정하고, 시대감각에 초점을 맞추는 전략을 추구했다. 1848년부터 1914년까지 회화만을 컬렉션 대상으로 한정한 것이다. 유럽에서 자유주의 혁명운동의 도화선이 된 파리 2월혁명이 일어난 해부터 제1차 세계대전이 발발한 해 사이에 제작된 미술품에 한해서만 수장했다. 말할 필요도 없이 전시의 중심은 1874년에 전위회화가 탄생한 후 어떠한 미술 양식보다 더 넓게 사람들을 매료시킨 인상파 작품들이었다. 1986년 개관 이후 뮈제 도르세는 인상파 회화의 총본산으로서 루브르와 대등한 파리 명소 중 하나가 되었다.

오르세역은 잘 지은 건축물이었기에 다른 용도로도 변경이 가능했고, 더욱 현실적인 용도에 맞춰 개조할 수도 있었다. 하지만 이 기차역은 자크 리고라는 인물 덕분에 최고의 미술관으로 변신할 수 있었다. 그의 혁신적인 사고와 집념 어린 추구가 없었다면 오늘날의 뮈제 도르세는 존재하지 못했을 것이다.

집념의 결과

도쿄 국립서양미술관

회화를 수집한다는 것, 더욱이 명화만을 수집한다는 것은 한 개인의 사적인 목적이 아니라 수집가의 집념이라고밖에 설명할 방법이 없다. 집념을 가지고 미술품을 수집하는 많은 수집가들이 있지만 필자는 우선 마쓰카타 고지로^{松方幸次郎}(1866~1950)를 최상위에 둔다.

매년 수많은 일본인들이 파리의 유명 미술관인 뮈제 도르세를 방문한다. 미술관을 관람하다가 특히 반 고흐의 「고흐의 침실」 앞에서만은 오랜 시간을 감탄과 함께 감상한다. 「고흐의 침실」은 모두 3점이 존재하는데 암스테르담의 고흐 미술관, 시카고 미술관, 뮈제 도르세 이 세 미술관에 각각 한 점씩 있다. 그러나 감상자들 대부분은 이 그림에 어떠한 과거가 숨어 있는지 잘 모른다. 답은 원래 도쿄 우에노의 '국립서양미술관國立西洋美術館'에 있어야 할 그림이 뮈제 도르세에 와 있다는 사실이다. 「고흐의 침실」이 뮈제 도르세로 갈 수밖에 없었던 이유가 마쓰카타 고지로의 앙트러프러너십과 깊은 관련이 있다. 우에노에 있는 '국립서양미술관'은 흔히 '우에노 미술관'이라고도 부른다. 국내외 관광객과 회화 애호가가 모여드는 이 미술관 별명은 '프랑스 미술 마쓰카타 컬렉션'이다. 현재 국립미술관이긴 하지만 그렇게 불리는 이유는 미술관 수장품 대부분이 메이지 유신 후 무려 20년간 일본의 국가 재정을 주물렀던 마쓰카타 마사요시松方正義 총리의 아들 마쓰카타 고지로가 평생 동안 개인 재력을 쏟아 부어 구입한 미술품들이기 때문이다.

마쓰카타 고지로는 두 번에 걸쳐 일본 총리를 역임한 마쓰카타 마사요시의 3남으로 태어나 일찍이 미국에 유학하여 뉴저지 럿거스 대학을 졸업했다. 귀국하여 아버지 마쓰카타 마사요시 내각의 비서관을 거쳤다. 그러고는 유학비용을 부담해주었던 가와사키 쇼조川崎正蔵가 경영하는 가와사키 조선소(오늘날 가와사키 중공업 주식회사川崎重工業株式会社의 전신. 1896년 조선소 설립으로 출발한 산업 기계 및 항공기 철강 구조물 생산 회사이며 제2차 세계대전 전범 기업이다. 현재는 세계적인 수송 장비, 산업 제

품 제조회사로 성장했다)의 사장으로 취임했다. 당시로서는 드
물게 해외 유학을 한 덕분에 선발된 것일 텐데, 주식회사로
서 새로이 출범하는 가와사키 조선소 해외 사업을 전담하기
에 적당한 인재였던 것이다. 이 회사의 초대 사장을 지내면
서 러일전쟁(1904~1905) 후부터 제1차 세계대전(1914~1918)
으로 이어지는 전쟁기의 군수산업을 확대하고자 했던 마쓰
카타 고지로의 공격적인 경영이 가와사키 조선소의 발전에
지대한 공을 세웠다. 이에 따라 가와사키 조선소는 일약 대
기업으로 성장했으며 마쓰카타 고지로는 당시 창간된 지 얼
마 안 된「고베 신문」의 사장도 겸직한다. 제조업 사장이 언
론사 사장을 겸한다는 것은 당시 일본의 기업 문화로 볼 때
매우 드문 현상이었다. 하지만 그는 영업 다각화와 저널리즘
지식을 겸비한 경영자로 성장해갔다. 1919년 조선소의 임금
인상 노동쟁의가 발생했을 때 마쓰카타 고지로는 일본 기업
사상 최초로 8시간 노동을 역제안함으로써 노조와 화해하는
역량을 보이기도 했다. 마쓰카타 고지로는 가와사키 조선소
의 사장으로서 적극적인 경영 전략을 수행하기 위해, 제1차
세계대전의 암운이 드리울 즈음 더 큰 영업 목적인 군수산
업 확장을 위해 사장실을 아예 영국 런던으로 옮겼다.

런던에 부임하기 전까지 마쓰카타 고지로는 그림에 큰 관
심을 두지는 않았다. 그러나 후에 알려진 이야기로는 런던에

마쓰카타 고지로

서 본 어느 미술 전시 포스터 한 장을 본 후 회화의 매력에 빠지게 되었다고 한다. 조선소의 사장이 조선소 그림을 구입하는 것은 당연했겠지만 마쓰카타 고지로는 조선소 그림 한 점을 구입했다. 이 무렵부터 마쓰카타 고지로의 본격적인 회화 수집은 시작되었던 것으로 보인다.

마쓰카타 고지로는 진정한 서양회화를 접하려면 유럽에 가야만 한다고 확신했다. 19세기 말은 미국도 프랑스 인상주의 영향을 받은 미국 인상주의 작가들이 붐을 이루면서 유럽 전체가 인상주의 열풍에 빠져들었던 시기였으므로 유럽과 교류가 잦았던 일본 또한 그 영향을 벗어나지 못했던 것이다. 동시에 그는 일본 최초의 서양미술관을 건립하겠노라고 다짐한다. 결국 그는 남의 도움 없이 스스로 1만여 점에 이르는 미술품을 구입한다. 그림 구입 방식이 하도 호방하여 별명이 'Mr. All'이었다는 에피소드가 전해질 정도이다. 갤러리의 이쪽부터 저쪽 끝까지 지팡이로 가리키며 전부 주문했다고 한다. 그러한 마쓰카타의 수집 행보에 대한 소문이 파리 미술시장에 퍼지면서 그가 고갱을 찾고 있다는 소문이 들리면 런던, 베를린에 있는 작품들이 파리로 모여들어 그가 파리 어느 화랑을 가도 고갱 작품이 준비되어 있을 정도였다고 한다. 그러한 그의 수집벽은 당시 지나치게 무분별한 수집으로 오도되어 비판적인 눈길을 받기도 했다.

그의 수집벽은 파리 화단에까지 퍼져 모네의 귀에도 들어갔다. 국립서양미술관에 있는 모네의 작품들은 명품 중의 명품들이다. 결국 마쓰카타 고지로는 만년의 모네 자택을 방문하게 되었고 시장에서 그의 수집벽을 익히 들은 바 있던 모네도 그를 정중하게 맞이했다. 모네는 인상파의 거장이다. 그런 모네가 아무리 다른 화상이 와서 팔 것을 종용해도 팔지 않고 보관해오던 명작들을 마쓰카타 고지로에게는 보여준 것이다. 마쓰카타는 그림들 중에서 18점을 골라냈다. 한

두 점도 아닌 18점을 골라낸 마쓰카타 고지로를 보고 모네는 그 열정에 감동하여 일괄 매각을 승낙했다고 전한다. 물론 모네 역시 에도 시대의 풍속화를 매우 좋아한 나머지 자택 정원을 일본식으로 꾸몄을 정도라 자신의 대표작들이 일본으로 건너가는 것에 대해 거부감이 없었을 것이다. 이 때문에 국립서양미술관에 있는 모네의 「수련」은 미술관의 대표 작품으로 오늘날까지 남아 있다.

그런데 알려지지 않은 사실 하나는 마쓰카타 고지로가 모네를 만났을 때 동행한 인물이 한 명 있었다는 것이다. 당시 파리에 유학 중이던 미술사가 야시로 유키오矢代幸雄였다(야시로 유키오는 1925년 30대 나이에 일본인 최초로 영문 미술사 저서 『산드로 보티첼리Sandro Botticelli』를 출간하여 국제적인 평가를 얻는다. 그는 세계에서 처음으로 클로즈업 도판에 의한 비평이라는 방법을 미술사에 도입한 인물이다). 모네를 만날 당시 50대였던 마쓰카타 고지로도 작품을 구입할 때는 미술사가의 눈과 조언을 구했던 것이다. 그러나 마쓰카타는 작품 구입 시 그만의 눈을 가지고 있었으며 가끔은 야시로 유키오의 조언을 무시하기도 했다고 한다. 야시로가 이 그림은 걸작이니 구입해야 한다고 권하면 흥미 없는 얼굴로 딴청을 부렸고 이에 화가 난 야시로 유키오는 돌아가버렸다고 한다. 그러나 야시로 유키오는 나중에야 그 그림이 마쓰카타의 집에 가 있음을 알게 되었다고 한다. 컬렉터가 그림 앞에서 그림이 좋다고 맞장구치는 것은 그림을 사는 태도가 아니라는 것이 이유였다. 기업가의 태도를 보였던 것으로, 순수한 학자의 발언과 수집가의 협상력 차이를 보여준 것이라 하겠다.

이때 마쓰카타가 구입한 작품들 중에 고흐의 걸작 중의 걸작인 「고흐의 침실」이 있었다. 그림 속에 등장하는 이 침실은 남프랑스 아를에서 화가 공동체를 꿈꾸었던 고흐가 떠나간 친구 고갱을 그리며 혼자 생활하던 하숙방이다. 앞에서 말한 것처럼 고흐가 그린 침실 그림은 모두 3점이다. 아를에서 그린 한 점과 고갱과 관계가 파탄 나고 귀 절단 사건을 일으킨 후 입원했던 생레미 정신병원에서 그린 두 점이다. 고흐는 당시 편지에서 이 그림을 그리려면 황금을 녹이는 높은 열과도 같은 에너지가 필요했다고 썼다. 고갱의 방을 장식하기 위해서 그린 「해바라기」를 그와 이별 뒤에 또다시 그렸던 것은 고흐에게 꽤나 큰 정신적인 부담이었을 것이다. 발작이 진정된 후 편지에서 고흐는 자신의 작품들을 살펴보니 침실을 소재로 한 그림이 가장 좋다고 쓰고 있다. 의자와 침대만을 둔 아무도 없는 간소한 방을 그리면서 고흐는 비록 스스로는 고독했지만 보는 사람에게 안식과 평안의 이미지를 선사하고자 했던 것이다.

어느날 마쓰카타 고지로는 그동안 구입한 모든 컬렉션을

일본으로 가져가기로 결정했다. 때는 일본 관동 지역이 대지진으로 폐허가 된 후였다. 리히터 지진계 7.9의 강진으로 허약한 일본 가옥들 대부분이 무너져 내렸다. 사망자와 행방불명자가 모두 14만 명, 손실된 가옥이 70만 채라는 전대미문의 참사가 발생했다. 일본 정부는 관동 지역의 복구비용 마련을 위해 우선 수입 관세를 인상했다. 관세가 인상된 것을 알지 못한 채 마쓰카타 컬렉션은 일본에 도착했고 마쓰카타 고지로는 난감해졌다. 지불해야 하는 관세는 구입 금액만큼 부과되었다. 10퍼센트가 아닌 100퍼센트였던 것이다. 비록 개인 자산이지만 국가를 위해 설립할 미술관에 수장될 예정이라는 설명에도 불구하고 일본 정부는 개인 수장품이므로 100퍼센트 관세를 부과한다는 결정을 내렸고 이에 분개한 마쓰카타 고지로는 배를 다시 유럽으로 돌렸다.

되돌아간 그의 컬렉션은 파리에 400여 점, 런던에 600여 점 분산 보관되었지만 안타깝게도 런던에 보관하던 그림들은 창고의 화재로 전소되었다. 엎친 데 덮친 격으로 「고흐의 침실」을 포함한 파리에 있던 보관분은 제2차 세계대전 발발에 따라 적국 자산으로 분류되어 프랑스 정부에 의해 몰수되어버렸다. 한편 지진 재해 이전 일본에 반입되었던 일부 컬렉션도 지진 재해에 따른 금융 공황으로, 도산해버린 계열 은행의 담보 물건으로서 경매에 붙여져 흩어져버렸다. 경매를 피한 것은 파리의 보석상으로부터 구입한 8,000여 점의 에도 시대 풍속화 컬렉션뿐이었다. 19세기 말 인상파 화가들과의 교류 시 우키요에浮世繪의 가치를 재인식한 마쓰카타 고지로가 저렴하게 일본으로부터 가져온 방대한 에도 시대의 우키요에 컬렉션을 조국을 위해 되사는 형태로 입수한 것들이었다. 마쓰카타 고지로는 이 작품들을 국립서양미술관 옆 도쿄 국립박물관에 기증했고 이에 따라 국립박물관의 에도 시대 우키요에 수장품 중 절반이 이 컬렉션으로 구성되었다.

제2차 세계대전 종전 후 또 다른 전쟁이 시작되었다. 종전 6년째인 1951년 샌프란시스코 강화조약 조인 때부터 일본 측의 마쓰카타 컬렉션 반환 신청이 시작되어 8년 후 마침내 실현되었다. 그러나 프랑스 측이 내건 조건은 냉혹했다. 명목을 '반환'이 아니라 '기증'이라고 할 것, 분산을 막기 위해 전용 미술관을 건립할 것, 컬렉션 중 세 점을 반환 대상에서 제외할 것, 미술관은 프랑스 건축사가 설계할 것 등이었다. 이렇게 해서 프랑스 미술 마쓰카타 컬렉션은 저명한 프랑스 건축가 르 코르뷔지에Le Corbusier의 설계에 따라 건립된 국립서양미술관으로 되돌아왔다. 국립서양미술관은 일본 도쿄도 다이토 구 우에노 공원 안에 있으며 1998년 일본 공공 건축 100선에 소개되었다.

마쓰카타 고지로는 끝내 본인 컬렉션의 귀국을 보지 못

하고 1950년 6월 24일 작고했다. 외규장각 도서 반환 협상을 벌인 한국 외교부가 이런 국립서양미술관에 얽힌 사실들, 프랑스 정부의 유물 반환에 관한 일관된 정책을 알았더라면 협상에 나서기 전 치밀한 사전 전략을 세웠을 터이다.

제4부

예술과
앙트러프러너십

Art and Entrepreneurship

머리글

우선, 사업이란 가르칠 수 있는 것일까? 하는 물음부터 짚어보자. 이전에는 사업이란 가르칠 수 있는 주제로 보았다. 엔지니어나 의사를 길러내듯이 가르쳐서 길러낼 수 있다고 보고 이제껏 가르치고 있다. 때문에 MBA 과정에서는 수많은 사례 학습의 반복 교육을 통해 매니저들을 길러내고 있다. 일반적으로 누구나 창업 초기에는 열정과 자신감에 휩싸여 있지만 얼마 가지 않아 혼란을 겪게 된다. 다름 아닌 내부의 긴장을 말한다. 부부도 싸우는데 한솥밥을 먹는 동료끼리 다툼이 없을까? 이 때문에 많은 기업들이 중도에 탈락한다. 이러한 내부의 긴장 상태를 극복하는 방법들은 강의실에서 배울 수가 없다.

대부분의 MBA 코스에서는 앙트러프러너십이라는 과목을 가르친다. 하지만 하버드나 와튼이라고 해서 크게 다른 지식을 가르치진 않는다. 앙트러프러너십의 자세만 가르칠 뿐이다. 앙트러프러너십의 학문적 이론을 세운 대표적인 학자로 기술혁신을 주창한 슘페터[Joseph Alois Schumpeter]와 미래 사회 지향의 피터 드러커[Peter Drucker]가 있는데 이들이 가르치는 앙트러프러너십 역시 그 자세를 가르치는 것이다.

전술했듯이 앙트러프러너십을 강의실에서 가르치는 것은 필요할 것이다. 경영학 석사라는 것이 실패를 줄이기 위한 학습이기 때문이다. 빅데이터까지 이용하는 오늘날, 실패를 줄이는 일은 가능하기 때문이다. MBA 교육에서는 자원을 분배하고 리스크를 계산하는 법을 배운다. 측정하고 가르칠 수 있는 기술을 말한다. 사실 실패와 실수는 피할 수 없다고 말하는 것은 지나치다. 배움이라는 것 자체가 실패를 줄이기 위함이므로 대부분의 실패가 예상 가능하다는 것에 동의하며 기업이든 인생이든 배움이란 늘 필요하기 때문이다.

런던에 거주하던 때의 일이다. 시내 공중전화박스에서 전화를 걸고 나오는데 쏜살같이 경찰차가 오더니 필자를 데리고 피한다. 왜 그러냐고 물으니, "Suspect Package"라고 외친다. 전화박스 바닥에 수상한 쇼핑백이 있다고 누가 신고한 모양이다. 필자는 그것도 모르고 공중전화를 이용했던 것이다. 그 쇼핑백에 폭탄이 있었는지 없었는지는 모른다. IRA에 의한 폭탄 테러가 하루건너 발생하던 어수선했던 1980년대의 런던이었다. 나중에 이런 생각이 들었다. 아무리 신고가 되었다고 해도 과연 누가 그 폭탄이 든 쇼핑백을 해체하러 갔을까? 아무나 갔을까? 경찰이라서 가야만 했을까? 폭약 처리 방법을 배운 사람이 갔을 터이다.

이 세상 모든 일이란 배워야 실천에 옮길 수 있다. 배움은 늘 필요하다. 경영에서 실패를 줄이는 바를 배우는 것이 MBA이다. 그렇다면 MBA 취득자 모두가 훌륭한 기업가들이어야 하는데 실상은 그렇지 않다. 왜일까? 성공한 기업의 사례는 물론 실패한 기업의 사례에서 더 깊은 경험을 배우고 리스크를 탈피하고자 배워온 것뿐이기 때문이다. 아니 훈련을 받았을 뿐이다. 하지만 대부분 창업자들의 성공담을 보면 지식보다는 우직한 집념과 직감에 의존하는 경향이 크다. 집념은 성격이자 의지를 말하는 것이지만 직감이란 예측할 수 있는 지식을 기반으로 한다. 따라서 수많은 실패 사례 학습은 기본을 지키기 위함일 뿐이다. 그렇다면 이 글의 화두인 교육을 통해 가르칠 수 없는 앙트러프러너십은 무엇일까? 바로 강의실이 아닌 현실에서만 배울 수 있는 것들을 말한다. 예술과 앙트러프러너십을 서술한다는 것은 매우 어렵다. 제4부에서는 강의실에서는 배울 수 없고 현실에서만 배울 수 있는 예술 섹터의 앙트러프러너십이 무엇일지를 생각해보고자 한다.

대한민국의 문화예술기관

대한민국의 문화예술기관 역시 엄청난 조직과 규모를 가지고 있다. 그런데 늘 반복되는 문제점이 해마다 거론되지만 해결책 없이 또다시 흘러간다. 바로 대한민국 문화예술경영의 문제점을 말한다.

1990년대 들어서면서 한국에도 예술경영학과들이 다수 생겨났다. 초기에는 학과를 만들고 나서 교수진이 없어서 비전공 교수들과 현장 실무자들을 모셔다가 가르쳤다. 그들은 흥미진진한 실제 경험을 가지고 수업을 진행했다. 그런데 얼마 지나지 않아 학생들은 싫증을 느끼게 되었다. 이론적 배경을 배울 수 없었기 때문이다. 또 얼마 지나지 않아 외국에서 유관 학문을 수학하고 교수진으로 합류한 유학파들이 하나둘 가르치기 시작했다. 그들은 박물관에서 또는 문화예술기관에서 근무해본 경험도 없이 영어를 구사하면서 이론만 가르쳤다. 얼마 지나지 않아서 학생들이 또 싫증을 느꼈다. 현장 경험이 없으므로 학생도 교수도 모두 답답함을 느낄 수밖에 없었다. 이윽고 유학파와 비유학파 현장 실무자 출신들은 서로를 힐난했다. 현장 실무 출신들은 유학파를 상대로 손에 피 한 방울 묻히지 않고 예술경영을 가르친다고 비난했다. 유학파는 유학파대로 이론 무장을 하지도 않고 실무 이야기만 가르친다고 지적했다. 그러다 보니 어느덧 십수 년이 지나고 세기가 바뀌었다. 이에 예술경영 분야에는 하나의 등식이 성립되어가고 있다. 유학을 떠나기 전 실무를 수년간 익히고 유학을 다녀와서 대학에서 가르치는 등식이다. 그러나 어렵게 학위를 취득하고 귀국해도 유학파는 갈 곳이 없다. 대학교의 시간강사 자리밖에 없다. 문화예술기관 입성은 꿈도 꾸지 못한다. 교수직은 하늘의 별 따기다. 자리 하나를 놓고 수십 명이 경쟁을 벌인다.

그런데 한 가지 놓치고 있는 부분이 있다. 예술경영을 공부하는 것은 교수가 되라고 배우는 것이 아니라는 사실이다. 문화예술기관의 전문경영자가 되기 위해 공부를 하는 것인데, 이러한 기회가 전혀 주어지지 않는 현실이 더 큰 문제다.

자리가 없는 것이 아니고 자리가 주어지지 않는 것이다. 전문화되어가는 현실에서 문화예술이 하나의 오아시스가 되어가고 있는 것은 맞다. 무언지는 모르지만 신선함을 가지고 누구나 참여하고 싶어 한다. 비전공 교수들도 본인이 가르치는 과목에 문화예술 글자를 붙여서 문화예술을 가르치려고 한다. 머리로만 가르치려고 하는 것이다.

모 인사가 정치인 보좌관으로 오래 근무하다 보니 자리가 하나 주어졌다. 아트센터의 장이 되었다. 문화예술이란 분야와는 전혀 관련이 없는 인물이다. 3년이란 임기 생활을 재미있게 보냈다. 문화계라는 곳의 일원이 되었다는 뿌듯함 속에 보냈다. 떠나기가 싫어졌다. 이번엔 또 다른 국장급이 낙하산으로 내려왔다. 떠나간 전임자의 이력서에는 문화예술기관 경영전문가라는 타이틀이 한 줄 더 첨가되었고 다른 자리를 알아보다 말았다고 한다. 대한민국의 문화예술기관들은 이런 식이다. 으레 하향 지명하여 대부분 내려 보낸다. 거의 비전문가들이 문화예술기관의 주요 요직을 꿰어 차고 있다. 그들은 누구나 이 정도는 잘할 수 있다고 생각한다.

이런 상황이 된 것은 그들에게 가장 중요한 재원 조성이라는 의무가 전혀 주어지지 않기 때문이다. 예산 전액을 상급기관에서 내려 받으므로 재원 조성이라는 예술경영의 기본 임무조차 수행할 필요가 없기 때문이다. 대한민국의 문화예술기관들 중에 재원 조성이라는 가장 중요한 임무를 완수하면서 근무하는 기관장이 한 군데라도 있는지 한번 곱씹어 볼 일이다. 불행하게도 전무한 것으로 보인다. 그러다 보니 누구나 쉽게 경영할 수 있다고 판단한다. 이 때문에 새로이 진입하려는 실력 있고 경험도 있는 신진들에게는 갈 수 있는 자리가 없다. 이것이 바로 오늘날 대한민국 문화예술기관의 현실이다.

전국 문화예술기관의 전문직 자리 수는 줄잡아 수천이 넘는다. 이 자리들이 무경험자 그러나 애호가라고밖에 불리지 못하는 인물들로 채워져 있다. 이들 자리 대부분을 10년 이상이 걸리더라도 전부 교체해야만 한다. 그래야 대한민국 문화예술의 장래가 보인다. 방법은 하나다. 문화예술기관의 대리급 이상은 모두 문화예술 유관 석사학위 보유자로 제한하거나 재교육시켜야 한다. 그래야 대한민국의 문화예술 섹터는 성장한다.

문화예술기관과 리더십

리더십이란 무얼 의미하는지 색다른 해석이 있나 보려고 언론 자료를 뒤져보았다. 결과는 공통적으로 리더십이란 결과를 의미하는 것으로 규정해놓고 서로 다른 많은 종류의 형용사를 갖다 붙였음을 알게 되었다. 가령 '섬기는 리더십' '지속가능 리더십' '책임윤리 리더십' 등이 대표적이다. 이모든 의미의 종착역은 성공이라는 결과를 의미했다. 경쟁 속의 현실이다 보니 모든 이론과 목표는 성공을 지향하고 있는 것이다. 리더십[Leadership]에는 'Ship'이라는 단어가 붙어 있다. 여기서 리더[Leader]는 사람이고 십[Ship]은 행동[Activity]을 의미한다. 이는 마음가짐만 있다고 해서 리더가 되는 것이 아니라 행동과 실천을 동반해야 리더가 될 수 있다는 것을 가리킨다고 해석할 수 있다.

2008년 7월 21일 자 「뉴스위크」지는 이상적인 미술관 관장의 자격으로 미술사 박사학위 소지자 또는 MBA 학위 소지자를 지목했다. 마침 당시 뉴욕의 대표적인 두 미술관인 메트로폴리탄 미술관과 구겐하임 미술관에서는 신임 관장을 선임했다. 2008년 메트로폴리탄 미술관은 관장으로 40대 중반의 토머스 캠벨Thomas Campbell을 선정했다. 그는 옥스퍼드 대학에서 영문학을, 런던 크리스티스 학교에서 장식미술을 전공했다. 그러나 그는 얼마 안 가 어려움에 봉착했다. 2,600여 명의 직원과 2,000억 원의 예산으로 움직이는 미술관의 효율적인 경영을 위해 예산을 조달해야 하고, 새로운 작품을 구매하기 위한 기부자들을 항상 찾아야 하며, 무엇보다 미국의 톱 미술관으로서 격을 잃지 않으면서 상업적으로도 성공을 거두어야 하는 막중한 임무에 당연히 심한 압박과 혼란을 겪었을 것이다. 그 모든 일을 혼자서는 할 수 없다. 조직 내에서 팀별로 사안을 확정하고 이를 정리하고 지시하는 역할을 맡아야만 한다. 과연 그에게 무엇이 필요할 것인가? 문화예술기관장으로서의 리더십이 있었다면 아무런 문제 제기가 없었을 터이다.

한편 구겐하임 미술관에서는 카네기 미술관Carnegie Museum of

^{Art}에서 12년 동안 관장을 지낸 59세의 리처드 암스트롱^{Richard} ^{Armstrong}을 토머스 크렌스^{Thomas Krens}의 뒤를 잇는 신임 관장으로 임명했다. 토머스 크렌스는 전형적인 CEO형이다. 미술관 경영에서도 규모의 경제를 논하는 경영자였다. 이에 반해 리처드 암스트롱은 정통 큐레이터 출신이다. 양적 팽창을 추구하던 구겐하임에서 학예에 집중하는 관장 시대를 맞게 되었다. 이들 두 사람의 경영 스타일을 비교하면 확연히 다르다. 경영자로서의 역할이 다르고 학예자로서의 역할이 다른 것이다. 이로써 메트로폴리탄 미술관과 구겐하임 미술관 모두 큐레이터 관장을 맞았다.

그런데 이 사실을 보고 미술관 관장은 큐레이터가 맡아야 한다고 결론을 내린다면 매우 큰 오류를 범하는 셈이다. 바로 한국의 상황을 두고 하는 이야기이다. 미술관은 관장의 역할도 중요하지만 그보다 이사회의 역할이 더 중요하다. 문제는 한국에서는 이사회의 중요성을 느끼지 못한다는 것이다. 그래서 이사회라는 것이 아예 없거나 있어도 유명무실하다. 연간 예산을 중앙정부 또는 지자체의 보조에 거의 100퍼센트 의존하기 때문이다. 바로 이 때문에 법인화의 필요성이 제기된다. 대한민국 문화예술기관이 성장하려면 무조건 법인화 작업이 필요하다. 빠를수록 좋다고 본다.

그렇다면 메트로폴리탄 미술관과 구겐하임 미술관은 어

떻게 움직일까? 메트로폴리탄 미술관과 구겐하임 미술관의 이사회 멤버에는 큐레이터가 없다. 이사회란 무얼 하는 조직인가? 이사회는 재원 조성, 마케팅, 예산 운영에 관한 주요 결정을 내린다. 이 점에서 미술관 관장은 큐레이터가 우선이긴 하지만 뛰어난 비즈니스 감각과 탁월한 사교능력을 갖춘 리더십 있는 인물이어야 함을 알 수 있다. 그러한 사람이 없거나 미래를 지향하는 미술관에서는 CEO형이 백 번 나은 것이다. 만약 리더십을 겸비한 큐레이터가 있다면 주저 없이 그를 임명해야 한다. 미술사 지식으로만 무장한 미술관 관장은 미술관을 결코 발전시킬 수가 없다. 앞서 언급한 대표적인 문화예술기관의 리더십 모델로 다들 토머스 크렌스 전 구겐하임 미술관장을 꼽는다. 물론 그가 이룩한 많은 성과물이 있으므로 그렇게들 말한다. 글로벌 구겐하임을 추구하여 많은 성공작을 만들다 보니 심지어 Museum Destination 이란 찬사까지 듣게 되었다. 그는 수많은 기업의 후원을 유치했으며, 조직 구조의 개편과 기획 전시의 대량생산, 기업형 마케팅 전략과 새로운 관람객 층의 유도, 브랜드의 통합과 확장, 소장품의 공유 등에서 도드라진 치적을 남겼다. 이러한 결과물이 그의 리더십에 의한 것이라고 공히 평가하고 있다.

여기에서 필자는 난관에 봉착했다. 성공한 리더십을 보인

크렌스의 임기가 만료된 후 뒤를 이은 후임자는 어떻게 평가되어야 하는가 하는 문제에서 말이다. 토머스 크렌스의 성공한 리더십은 치적이 있으므로 리더십이 있다고 말하면 안된다. 그는 경영을 아는 CEO형이기에 리더십을 보였던 것이다. 리더십의 사전적 의미는 '어떤 무리를 다스리거나 이끌어 가는 지도자로서의 능력'이다. 목표설정이론을 주창한 로크^{E. A. Locke}가 말한 리더십의 의미는 '관계'의 개념이자 '과정'이며 다른 사람들의 '행동을 이끄는 것'이다. 다양한 방법을 이용하여 부하들의 바람직한 행동을 이끌어내는 올라운드플레이어여야 하는 것이다. 예를 들면 권한을 합법화하거나, 좋은 모델을 세우거나, 적절한 목표를 설정하거나, 합리적인 상벌 규정을 정하거나, 효과적인 팀을 만들거나, 건설적인 비전을 세우는 등의 방법을 적절히 활용할 수 있어야 한다.

일부 정부기관장이 정부의 성과주의 시책을 따르기만 하다가 부하의 반발을 사는 행태는 전형적인 미숙한 리더십의 예다. 한마디로 능력이 없는 기관장인 것이다. 한국의 문화예술계는 어떤 상황에 놓여 있는가? 민간 영역은 '경제적 사업성'으로, 공공 영역은 '자율성의 한계'로 허덕이고 있다. 오늘날 한국의 사회문화적 환경에서 문화예술이 자생하기는 매우 어렵다. 그러다 보니 대부분의 문화예술 기관장들은 공적 재원에만 99퍼센트 의존하려드는 것이 현실이다. 누가 리더인가? 리더십 없는 문화예술기관장이 도처에 임명되고 있는 현실에서 무엇을 기대할 수 있을까? 그 책임은 정부에 있다고 본다.

예술의 리더십

리더십과 경영능력, 이 두 단어의 차이는 무엇일까. 경영능력과 달리 리더십이란 권한이 아닌 영향력을 말한다. 물론다른 의견도 있다. 어떠한 지위에 있는 누구라도 사람들에게자신의 비전을 받아들이도록 설득할 수 있는 한 리더가 될수 있다. 변형리더십으로도 알려진 이 이론에 따르면 리더는상대방으로부터 호감을 사고, 믿음직하며, 박식하고, 지지자들이 일반적으로 가지는 일련의 희망을 만족시키는, 미래 비전을 만들어내거나 소통하게 하는 사람을 말한다.

이와는 대조적으로 경영능력이란 강요와 연관이 있다. 사람들은 대개 경영자가 바라는 바를 따르고 수행한다. 왜냐하면 그들은 보상을 받고 처벌을 피하며 서면상 또는 유무형 계약상의 명확한 이행 사항을 충족시키고자 하기 때문이다. 이러한 차이가 있다 하더라도 간혹 리더십에도 강요하는 부분이 있을 수 있다. 리더는 하급자에게 업무상 할 일에 대한 목표를 설정하고 상벌을 유도하는 동기부여를 하기 마련이다. 리더십은 업무상 지위가 부하 직원을 다룰 수 있는 권한을 제공하는 명확한 계층구조가 있는 곳에서만 발휘된다. 많은 논객들은 세계화와 기술 및 아웃소싱이 다변화되어가는 오늘날 이 부분도 변화되어가고 있다는 데 동의하고 있다.

오늘날 경영자는 더 이상 임무 완수를 권한에만 의존할 수 없게 되었다. 리더가 되려면 협상을 위한 정치적 전략을 수립해 실천하거나, 협정을 구축하거나, 충돌할 때 이해관계 사이에서 공통 의제를 찾아내는 능력이 필요한데 바로 이 부분이 리더의 덕목이 된다. 리더들은 가치와 감정, 그리고 함께 일하는 사람들에게 의미를 부여할 줄 알아야 한다. 이러한 리더십에 대한 사고는 원래 교육 환경에서 통용되기 시작했는데 과연 문화예술 분야에서도 적용될 수 있을까?

경영능력과 리더십 역량이 일반적인지에 대한 논쟁은 지속되고 있다. 또한 리더십에 대한 효과적인 교육과 학습을 촉진하기 위한 리더십 교육에서는 특정한 목적과 가치가 있다고 보므로 무엇보다 분야별 접근법이 필요하다고 하겠다.

사실 문화예술 센터에서는 리더에 초점을 맞추기보다는 공동 창작 과정에 초점을 맞추는 것이 맞다. 예술이란 높은 예술성의 도출이라는 공통의 목표를 지향한다. 음악이든 미술이든 영화든 동일하다. 이 부분이 일반적인 리더십과 문화예술 리더십의 차이이다. 예를 들어 상호의존적인 작업을 수행하는 관현악단을 이끄는 리더십을 보자. 작품의 영감과 비전을 달성하기 위해 지휘자는 수백 번의 연습 과정에서 생겨나는 실수에 대해 보상과 처벌 관계에 집중하든, 아니면 일반적인 지도 방식을 선택하든, 변혁적인 지도 방식을 선택하든, 높은 예술성을 이룩하는 것을 유일한 목표로 삼아야 한다. 그렇기에 문화예술 센터의 리더는 각각 다른 상황에서 다른 지도 방식을 고를 필요가 있다고 보는 것이 일반적인 견해다.

예술의 존재

문화예술 섹터를 이해하기 위해서는 우선 영리와 비영리의 차이를 알아야 하고 그러기 위해서는 먼저 예술의 정의를 설정해야 한다. 그러고 난 후 예술경영이 무얼 뜻하는지를 알아야 한다.

예술이란 실로 다양하다. 사람마다 무엇에 감동하고 어느 부분에 특별히 깊은 사고가 미치는지가 다르다. 누구는 만화에, 누구는 18세기 조선시대 회화에, 누구는 러시안 아방가르드에 심취해 있다. '무엇이 예술이다'라는 팩트를 가지고 논의하는 것은 무의미하다. 가령 애니메이션, 게임, 영화같이 시장경제의 틀 속에서 비즈니스로서 완성되는 것도 있다.

또한 시장경제 속에서 자력으로 성립되지 못하는 것도 있으며 디자인이나 사진같이 시장경제의 수단이 되는 분야도 있다. 이러한 구분은 통상적으로 시장경제의 틀 속에서 수행하는 역할 내용에 따른다. 영리^{profit}를 목적으로 하는 것을 엔터테인먼트 산업으로, 시장경제에서 성립되기 어려운 비영리$^{non-profit}$의 것을 예술로 구분한다.

엔터테인먼트의 대표적인 분야는 대중음악, 할리우드 영화 그리고 브로드웨이 뮤지컬이며, 비영리 예술로 대표되는 것으로는 클래식 음악, 실험적 연극, 현대미술, 현대무용 그리고 인디 영화 등을 들 수 있다. 일반적으로 엔터테인먼트는 알기 쉽고 대중으로부터 쉽게 지지받는 반면 예술은 이해하기 어려운 고상한 것이라는 느낌이 있다. 그렇다고 해도 할리우드 영화 중에서도 사람을 감동시키는 예술성 높은 작품들이 있고, 현대미술에서도 친해지기 쉬운 부분도 있으므로 양자를 분명하게 구분하기는 쉽지 않다.

무엇보다 양자의 가장 큰 차이는 경제적인 측면이다. 경제활동으로서 성립되고 엔터테인먼트로 불리는 것은 그 자체뿐 아니라 복제를 만들어 팔 수 있는, 즉 오리지낼러티^{originality} 이외의 수익까지 기대할 수 있는 분야이다. 예를 들면 팝 뮤직은 콘서트 티켓 수입보다 오히려 이후의 음반 사업에서 더 큰 수익을 올린다. 또한 브로드웨이 뮤지컬은 장기 공연을 수행함으로써 제작비를 상계하고 이익을 추구할 수 있다. 같은 무대를 반복해서 상연하므로 같은 무대 장치, 배우, 의상에서 매 공연마다 드는 코스트는 낮아지게 된다. 할리우드 영화 역시 극장 개봉 후에 따르는 미디어 수입이 이에 해당된다.

물론 영리를 추구하는 분야도 거액의 제작비, 거액의 홍보비 등을 이유로 비영리 예술로 마감되는 경우가 있기는 하다. 뉴욕 브로드웨이에서 상연되는 롱런 뮤지컬 대부분은 지방 소규모 비영리 극장에서 초연되어 성공한 후 오프브로드웨이Off Broadway로 불리는 극장에서 공연되고 나아가 더 큰 예산을 필요로 하는 브로드웨이에서 공연이 성사되는 순서를 거친다. 다시 말해 비영리로 시작되었지만 영리로 전환될 수도 있음을 보여준다. 이러한 예술은 시장경제 논리에 따라 시장에서 방치되면 경쟁에서 도태해 사라져버린다. 이는 사회에 큰 손실로 다가온다. 이 때문에 문화예술 섹터에서 "시장 논리에 따라서……"라는 말은 매우 위험한 언어 구사로 간주된다. 예술을 사장시키기 때문이다. 즉 세상 사람들이 좋아하는 특정 예술만 유통되게 된다는 뜻이다.

예술의 다양성이란 바로 비영리를 품음으로써 이루어지는 것이다. 이러한 문제를 해결하는 방안은 없을까? 시장경제의 법칙에 맞지 않는 예술은 어떤 방식으로 창작되고 유지되는지를 클래식 오페라의 예를 보면 알 수 있다. 1회의 대규모 오페라를 개최하려면 수억 원이 소요된다. 세종문화회관은 다양한 음악의 콘서트가 매일 개최되는 유수한 장소다. 그런데 이곳의 예산 수지를 보면 티켓 수입이 전체 수입의 일부밖에 안 된다. 이를 보면 비영리 예술 활동은 어떤 형태로라도 재원 조성이 있어야 비로소 성립됨을 알 수 있다. 달리 말하면 한정된 자금을 유효하게 사용해야만 지속된다고 볼 수 있다. 이 부분을 어떻게 경영하는가가 바로 예술경영이다. 때문에 문화예술을 언급하는 데서 비영리와 영리를 놓고 호불호를 거론할 수는 없는 것이다.

문화예술이 논해야 하는 가장 중요한 사실은 무엇을 해야 하는가의 문제이다. 문화예술도 목표와 목적이 있으므로 그 목적을 실현하기 위한 내용과 과정을 명확하게 하는 것이 영리이든 비영리이든 추구하는 바라고 하겠다. 더 나아가 문화예술 시설을 짓는 것이 문화예술을 창조하는 것이라는 실수를 범하지 말아야 한다. 따라서 비영리와 영리의 차이를 알고 나면 스스로 존립할 수 없는 예술의 바탕을 이해할 것이다. 시장경제에서 성립되지 못하는 부분이 예술인데 그러한 예술 부분에서 앙트러프러너십을 논하기란 매우 어려운 일이다. 물론 경쟁 산업사회에서 상업적으로 성공하기 위해 예술을 빙자하여 부를 쌓아 올리는 경우도 많이 본다. 비록 그렇더라도 우리는 예술가들이 지향하는 본질이 무엇인지, 이익이 안 되는 문화 사업에 자신을 던진 사람들이 무슨 목적으로 꿈을 일구었는지를 앞에서 이미 살펴보았다. 이 문제에 대해서는 역시 인간은 생각하는 동물이라고 정답을 피해 가게 된다.

리더십 무용론

대성공을 거둔 베스트셀러 작가인 맬컴 글래드웰Malcolm Gladwell은 그의 세 번째 베스트셀러 『아웃라이어Outliers』를 출간하면서 더욱 독보적인 존재가 되었다. 그는 앞선 저술 『블링크Blink』와 『티핑 포인트Tipping Point』로 이미 베스트셀러 작가가 되었다. 15년째 잡지사 「뉴요커New Yorker」 기자로 있는 글래드웰을 최고의 논픽션 작가로 만든 배경은 무엇일까? 아무나 못 하는 무한한 상상력을 통한 아이디어 발굴과 문제제기, 취재의 파워, 글재주, 평범함을 비범함으로 바꾸는 호기심, 도전정신이 그가 역작을 만들어낼 수 있었던 원동력이라고 생각한다. 그런데 사실 이러한 설명은 특별한 것이 아니다. 다른 성공한 사람들도 똑같은 정수를 갖추고 있기 때문이다. 어차피 우리가 살아가는 세상은 1퍼센트의 갖춘 사람들, 다시 말해 글래드웰이 지켜낸 요소들을 갖춘 사람들과 그렇지 않았으므로 평범하게 살아갈 수밖에 없는 나머지 99퍼센트의 사람들로 이루어진 것이 아닐까 한다. 빌 게이츠Bill Gates가 그 어마어마한 부를 이루는 데 과연 성공방정식이 있었을까? 성공한 리더, 특히 예술에서의 리더십이란 무엇이며 과연 배울 수 있는 것인지 다시 한 번 짚어보고자 한다.

'명령하지 마라.'
'통제하지 마라.'
'강요하지 마라.'

이들 리더십의 키워드는 이미 수천 년 전에도 쓰이던 말이다. 그런데 오늘날에 와서 어떤 리더십의 가르침이 새롭단 말인가? 아마존에 들어가서 리더십이란 키워드를 입력하니 23만 3,699종이라는 숫자가 나타난다. 아마도 가장 다양한 주제이면서 매우 뜨거운 주제임에 틀림없다. 2004년도에 전 세계 기업들은 약 500억 달러를 리더십을 배우는 데 소비했다고 한다. 리더십을 배우는 데 500억 달러나 지출하다니?

리더십을 배우는 것에 대한 무용론이 제기되는 부분이기도 하다. 무용론이 제기되는 이유 중 하나는 "그렇다면 어떻게 무엇을 배워야 할까?"라는 질문부터 시작된다.

조셉 로스트^{Joseph Rost}는 587개의 리더십 관련 학술 문항을 조사했는데 거의 3분의 2가 리더십을 정의하기를 피하고 있음을 알았다. 이러다 보니 어떠한 일이 잘못되었을 때 우리는 잘못된 사회 시스템과 구조적인 오류를 논하기보다는 편하게 리더십 부족을 지적한다. 따라서 리더십이란 현재 상태를 반드시 유지하고자 반발하는 그릇된 믿음이라고 주장하기도 한다. 하물며 리더십이란 직위 보존을 위한 창조된 신화 같은 것이라고 주장하기도 한다. 캐리 쿠퍼^{Cary Cooper}는 때때로 관리능력과 리더십을 섞는 경향이 있다고 지적한다. 한편 조셉 로스트는 리더십을 가졌다 안 가졌다를 하얀 모자를 쓴 것과 검은 모자를 쓴 것으로 구분하여 단순하게 이해하려한다고 말한다. 이는 관리능력에서 무언가 잘못되어도 성과가 우수하게 나오면 리더십이 있는 것으로 간주한다는 뜻이다. 사실은 아무도 이 우수성을 가늠하는 방법을 수긍하지 않는데도 말이다. 또 다른 부분은 리더십이란 대상이 누구인지 무엇을 하는지 상관하지 않는다는 의견에 동의하지 않는다.

인간은 무리를 지어 산다. 그렇기에 어떠한 조직에서나 리더가 있고 그의 말 한마디로 조직은 이끌어진다. 국가도 마찬가지이며 문화예술기관도 별반 다르지 않다. 따라서 성공방정식이란 매우 간단하며 비용이 들지 않는다. 하지만 그게 전부일까? 우선 리더십이 무엇인지 이해하기 전에 알아야 할 전제가 하나 있다. 간혹 논쟁이 되는 부분이기도 하다. 바로 리더십이란 지휘권인가 아닌가의 문제이다. 직위, 순위 또는 특정 분야의 책임성 등과 관련한 것들이 지휘권이 있든 없든 상관없이 영향력을 행사하는 것이 리더십이라고 주장하는 측이 있으며, 또한 지도력은 권한과 같다는 주장이 있다. 바로 영향력이 핵심임을 말한다.

사람은 언제나 풍부함과 강력함에 쉽게 매료된다. 그동안 풍부함과 강력함이라는 원천을 설명하기 위한 수많은 연구가 진행되어왔는데 주로 특정인의 개성과 행동을 서술함으로써 리더십이 왜 필요한지를 증명하고자 했다. 그런데 문제가 되는 것은 성격이란 누구나 어릴 때 형성되며 자라면서 경쟁을 통해 배워나간다는 점이다. 경쟁이란 혼돈 속에서 자기를 찾는 과정이다. 이 부분을 알 수 있다면 리더십이라는 목적은 완성된다. 모든 조직은 서로 다른 종류의 혼돈 속에 있는데, 리더란 그 속에서 우리가 찾고자 하는 유일한 '희망'이라는 사실이다. 이 때문에 성공을 위한 법칙으로서 리더십을 배우고자 하는 것이다. 이 부분만 깨닫는다면 매우 저렴하게 배울 수도 있거나 또는 배울 필요도 없는 것이다.

문화예술에서 앙트러프러너십

앙트러프러너십이란 매우 불확실한 용어이다. 서로 다른 어떤 방식으로 앙트러프러너십을 배운다 해도 허전함과 아쉬움은 남기 때문이다. 바로 이것이 가르칠 수 없는 앙트러프러너십의 한 부분일 것이다. 그것이 무엇일까? 교과서에 없는 것들, 바로 삶의 기술을 말한다. 이것이 앙트러프러너십의 핵심으로 볼 수 있다. 리더십처럼 앙트러프러너십을 누구나 배우고자 하지만 무용론이 제기되는 이유이다. 삶의 기술이란 인간관계를 말한다. 상대방은 거절하는데도 동의를 이끌어내는 것은 협상론에서 가르치는 요점이기도 하지만 가장 중요한 앙트러프러너십이기도 하다. 인간관계라는 것을 살펴보면 사실 대부분의 사람이 비슷한 인간관계의 틀 속에 놓여 있다. 어떤 성공한 사람은 자신의 인간관계를 돋보이게 강조하지만 사실 그도 매우 제한적인 인간관계의 틀 속에 놓여 있다. 인간관계를 어떻게 확장시켜나가는가가 관건이 아닐까 한다.

필자의 친구 중 한 사람이 본인의 사업 성공을 위해 어떤 일을 했는지 들려준 이야기가 있다. 친구는 대학을 졸업한 후 사업을 하다가 사업상 가장 필요한 고객 개발을 위해 남보다 신속하게 관계를 맺고자 서울 소재 대부분 대학의 최고경영자 과정 30군데를 섭렵했다. 한 대학교에서 두 개의 과정을 듣기도 했다. 심지어 모 여대 최고경영자 과정까지 마지막으로 입학한 것을 목도했다. 웃으면서 물었다. 거기까지 뭐 하러 갔느냐고. 일류대학 나왔으면 됐지 최고경영자 과정 30개가 무슨 소용이냐고. 그의 대답은 이랬다. "인간관계를 구축하는 것이 내 현실 목표야. 이곳 여대에 있는 최고경영자 과정엘 들어가니 여학생 36명에 남자는 나 하나더군. 그러니 자동으로 날 원우회 총무를 시키더라고. 내가 바라던 바가 바로 그것이었어. 그날로 나는 가능성 있는 고객 36명을 얻은 거잖아?" 그가 발이 넓다고 소문이 난 이유가 거기에 있었다. 그 후 평생을 그들과 파트너십을 맺고 사업을 진행하는 것을 본다. 앙트러프러너십이란 바로 인간관계의 구축에 그 본바탕이 있다고 할 것이다.

앙트러프러너십을 주제로 어떤 종류의 서적이 출간되어 있는지 살펴보았다. 몇몇 학술서 번역본이 전부이고 그마저 대부분 성공신화를 위주로 한 재벌 인물평 이외엔 눈에 띄지 않는다. 경쟁이 더욱 심화되어가고 양극화 현상 또한 심화되어가는 요즈음 오히려 성공신화란 더욱 부각될 수밖에 없다. 자본주의의 역사는 앙트러프러너십의 역사라고도 할 수 있다. 그 대표적인 인물로 헨리 포드, 빌 게이츠, 마쓰시타 고노스케松下幸之助, 정주영, 이병철 등을 누구나 주저 없이 든다. 이것이 바로 우리가 알고 있는 앙트러프러너십의 결과물이다. 또한 웹 서핑을 해보니 앙트러프러너십과 어울려 등장하는 어휘들은 창조, 혁신, 진취, 노력, 근면, 혁신, 개혁, 변화, 도전 등 대부분 숭고한 용어들, 일반인들은 상상만 할 수밖에 없는 단어들만 도출된다. 과연 이들 어휘가 앙트러프러너십의 본바탕일까? 심지어 앙트러프러너십을 성공담을 미화하는 하나의 신화 작업으로 치부하기도 하고 또한 실패할 자유도 앙트러프러너십의 하나라고까지 말한다. 맞기도 한 이야기이지만 그런데…… 현실에서는 실패하면 끝인데 말이다.

우리가 흔히 알고 있는 기업가정신은 한자로 '企業家精神'이라고 쓰는데 여기서 기업가는 단순하게 자본을 대고

경영하는 사람을 지칭하는 '企業家'일 뿐이다. 즉 가진 자일 뿐이다. 가치를 창조해내는 앙트러프러너십은 '起業家精神'이라고 표현해야 맞고 이 단어의 정확한 영어 표현이 Entrepreneurship이다.

앙트러프러너십이 유익한 기회, 새로운 지식의 발견을 뜻한다면, 기업가에게 필요한 것은 졸업장이 아니라 날카로운 예견, 판단, 직관 능력 그리고 인지적 리더십이다. 그러한 앙트러프러너십은 미지의 것을 발견하는 것이기에 알려진 것을 가르치는 교육과는 무관하다. 그러므로 결론적으로 문화예술 섹터에서의 앙트러프러너십이란 무엇을 말하는지는 두 가지로 나뉜다. 문화예술기관 경영 측면에서 말한다면 재원 조성 능력을 갖춘 관리 능력과 인간관계 구축 능력을 기관 경영자가 갖추어야 할 소양이라고 말할 수 있다. 다음으로 예술가의 측면에서 앙트러프러너십이란 고독한 자신과의 싸움을 다스릴 줄 아는 자세 또는 능력이라고 하겠다. 이책을 집필하는 내내 예술을 생각하면서 필자 역시 고독하게 그 점을 살펴보았다.

참고문헌

제1부 화상

인품: 냉철한 사업욕   앙브루아즈 볼라르

앙브루아즈 볼라르, 김용채 옮김, 『파리의 화상 볼라르』, 바다출판사, 2005.

앙브루아즈 볼라르, 이지선·한지희 옮김, 『아주 특별한 인연』, 아트북스, 2005.

Rainbow, Rebecca, *Cézanne to Picasso: Ambroise Vollard, Patron of the Avant-Garde*, Metropolitan Museum of Art, 2006.

Vollard, Ambroise, *Cézanne*, Dover Publications, 1984.

연구와 학습: 수집하는 화상   나탕 윌당스탱

http://www.christies.com/special_sites/wildenstein/printer.asp?page=2

http://www.wildenstein-institute.fr/spip.php?page=wildenstein-cinq-generations&lang=en

http://www.wildenstein-institute.fr/

https://en.wikipedia.org/wiki/Wildenstein_Institute

Shiff, Richard, *Cezanne and the End of Impressionism: A Study of the Theory, Technique, and Critical Evaluation of Modern Art*, University of Chicago Press, 1986.

Wildenstein, Daniel, *Marchands d'Art(French Edition)*, Olivier Orban, 1999.

절대 후원: 대수집가 페기 구겐하임

Dearborn, Mary, *Mistress of Modernism: The Life of Peggy Guggenheim*, Houghton Mifflin Harcourt, 2004.

Gill, Anton, *Peggy Guggenheim: The Life of an Art Addict*, HarperCollins, 2010.

Gill, Anton, *Art Lover: A Biography of Peggy Guggenheim*, Harper Perennial, 2003.

O'Connor, F., Quaintance, D., Sharp, J. and Bogner, D., *Peggy Guggenheim & Fredrick Kiesler: The Story of Art of This Century*, Guggenheim Museum, 2005.

Prose, Francine, *Peggy Guggenheim: The Shock of the Modern(Jewish Lives)*, Yale University Press, 2015.

선견지명: 인상파의 대부 폴 뒤랑뤼엘

https://www.nationalgallery.org.uk/inventing-impressionism

http://www.telegraph.co.uk/culture/art/11440434/Paul-Durand-Ruel-the-madman-who-saved-Impressionism.html

http://theartnewspaper.com/features/was-paul-durand-ruel-the-prototype-for-the-contemporary-art-dealer/

http://www.wsj.com/articles/durand-ruel-impressionism-show-tours-paris-london-philadelphia-1421447232

Assouline, Pierre, *Discovering Impressionism: The Life of Paul Durand-Ruel*, Vendome Press, 2004.

Durand-Ruel, Paul-louis and Durand-Ruel, Flavie, *Paul Durand-Ruel: Memoir of the First Impressionist Art Dealer(1831-1922)*, Flammarion, 2014.

Fernbach, David and Hazan, Eric, *The Invention of Paris: A History in Footsteps*, Verso Books, 2013.

Patry, Sylvie and others, *Inventing Impressionism: Paul Durand-Ruel and the Modern Art Market*, National Gallery London, 2015.

풍부한 지식: 톱 딜러 조셉 듀빈

Cohen, Rachel, "Priceless: How Art Became Commerce", *The New Yorker*, 8 October 2012.

Behrman, S. N., *Duveen: The Story of the Most Spectacular Art Dealer of All Time*, Little Bookroom, 2003.

Secrest, Meryle, *Duveen: A Life in Art,* Knopf, 2004.

제2부 예술가

선도적 창조　프란시스코 고야

Campbell, Alexandra and Baticle, Jeannine, *Goya: Painter of Terror and Splendour*, Thames & Hudson Ltd, 1994.

Ciofalo, John J., *The Self-Portraits of Francisco Goya*, Cambridge University Press, 2000.

Connell, Evan, *Francisco Goya: A Life*, Counterpoint, 2003.

Johnson, Stanley, *Francisco Goya(1746-1828)*, R. S. Johnson Fine Art, 1992.

Tomlinson, Janis, *Francisco Goya y Lucientes*, Phaidon Press, 1999.

꿈꾸는 이상　빈센트 반 고흐

빈센트 반 고흐, 신성림 옮김, 『반 고흐, 영혼의 편지』, 예담출판사, 2005.

최연욱, 『반 고흐를 좋아하는 사람이라면 꼭 알아야 할 32가지』, 소울메이트, 2016.

스티븐 네이페·그레고리 화이트 스미스, 최준영 옮김, 『화가 반 고흐 이전의 판 호흐』, 민음사, 2016(Naifeh, Steven and Smith, Gregory White, *Van Gogh: The Life*).

Arnold, Wilfred N., *Vincent Van Gogh: Chemicals, Crises, and Creativity*, Birkhäuser, 1992.

Callow, Philip, *Vincent Van Gogh: A Life*, Ivan R. Dee, 1996.

Dorn, Roland, *Van Gogh Face to Face by Thames & Hudson*, Thames & Hudson, 2000.

Druick, Douglas W. and Zegers, Peter, *Van Gogh and Gauguin: The Studio* of *the South*, Thames & Hudson, 2001.

Hayden, Deborah, *Pox: Genius, Madness, and The Mysteries of Syphilis*, Basic Books, 2003.

Hulsker, Jan, *Vincent and Theo Van Gogh: A Dual Biography*, Fuller Technical Pubns, 1990.

Pickvance, Ronald, *Van Gogh in Arles*, Harry N. Abrams, 1984.

셀프 마케팅 천재　살바도르 달리

Dali, Salvador, *The Secret Life of Salvador Dalí*, Dover Publications, 1993.

Descharnes, R., Néret, G. and Dali, Salvador, *Dali: The Paintings*, Haus Publishing, 2004.

Salber, Linde, *Dali*, Haus Publishing, 2005.

사실 묘사 개척　카라바조

http://www.artble.com/artists/caravaggio

http://www.bergerfoundation.ch/Caravage/E/

http://www.caravaggio.org/

Christiansen, Keith, *A Caravaggio Rediscovered, the Lute Player*, Metropolitan Museum of Art, 1990.

Friedlaender, Walter, *Caravaggio Studies*, Princeton University Press, 1975.

Hibbard, Howard, *Caravaggio*, Westview Press, 1984.

Metropolitan Museum of Art, *Painters of Reality: The Legacy of Leonardo and Caravaggio in Lombardy*, Metropolitan Museum of Art, 2004.

Puglisi, Catherine, *Caravaggio*, Phaidon, 1998.

천재적 상상력 레오나르도 다 빈치

Arasse, Danie, *Leonardo da Vinci*, William S. Konecky Associates, 1998.

Phillips, Cynthia, *The Everything Da Vinci Book: Explore the Life and Times of the Ultimate Renaissance Man*, Adams Media, 2006.

Strickland, C. and Boswell, J., *The Annotated Mona Lisa: A Crash Course in Art History from Prehistoric to Post-Modern*, Andrews McMeel Publishing, 1992.

전통 타협 거부 에두아르 마네

Brombert, Beth Archer, *Edouard Manet: Rebel in a Frock Coat*, Little Brown & Co., 1996.

Cachin, Françoise, *Manet(Masters of Modern Art)*, Henry Holt & Co., 1991.

Cachin F. and Kaplan R., *Manet: Painter of Modern Life*, Thames & Hudson Ltd, 1995.

Clark, T. J., *The Painting of Modern Life: Paris in the Art of Manet and His Followers*, Thames & Hudson Ltd, 2000.

King, Ross, *The Judgment of Paris: The Revolutionary Decade That Gave the World Impressionism*, Walker Books, 2006.

Richardson, John, *Manet*, Phaidon Press, 1998.

아방가르드 리더십 파블로 피카소

Berger, John, *The Success and Failure of Picasso*, Vintage, 1993.

Blunt, Sir Anthony, *Picasso's Guernica*, Oxford University Press, 1985.

Chipp, Herschel B., *Picasso's Guernica: History, Tranformations, Meanings*,

University of California Press, 1988.

Daix, Pierre, *Picasso: Life and Art*, Harper Collins, 1993.

Fitzerald, Michael C., *Making Modernism: Picasso and the Creation of the Market for Twentieth-Century Art*, Farrar Straus & Giroux, 1994.

Imdahl, Max, *Picasso Guernica*, Insel Verlag, 1985.

Wertenbaker, Lael, *The World of Picasso, 1881-1973*, Time-life Books, 1967.

자기표현 완성 렘브란트

Ackley, Clifford S., *Rembrandt's Journey: Painter, Draftsman, Etcher*, Museum of Fine Arts Boston, 2004.

Clark, Kenneth, *An Introduction to Rembrandt*, Harper Collins Publishers, 1978.

Durham, John, *Biblical Rembrandt: Human Painter in a Landscape of Faith*, Mercer University Press, 2004.

Hijmans, Willem, *Rembrandt's Nightwatch: The History of a Painting*, A. W. Sijthoff, 1978.

Koot, Ton, *Rembrandt's Night Watch: A Fascinating Story*, Meulenhoff International, 1969.

Wetering, Ernst van de., *Rembrandt: The Painter at Work*, University of California Press, 2009.

제3부 문화예술기관

복지, 자선, 사회 공헌, 박애 필랜스러피

"공짜 대학 '쿠퍼 유니언'의 위기", 「주간조선」, 2015. 12. 21.

Bremner, Robert H., *American Philanthropy*, The University of Chicago Press, 1988.

Fleishman, Joel L., *The Foundation: A Great American Secret; How Private Wealth is Changing the World*, Public Affairs, 2007.

Friedman, L. and McGarvie, M., *Charity, Philanthropy, and Civility in American History*, Cambridge University Press, 2003.

Zunz, Olivier, *Philanthropy in America: A History*, Princeton University Press, 2012.

미래 지향의 유산 스미소니언 연구소

Abbott, Shirley, *The National Museum of American History*, Harry N. Abrams, 1981.

Karp, Walter, *The Smithsonian Institution*, Smithsonian Institution Press, 1965.

Kurin, Richard, *The Smithsonian's History of America in 101 Objects*, Penguin Press, 2013.

Meringolo, Denise, *Museums, Monuments, and National Parks: Toward a New Genealogy of Public History*, University of Massachusetts Press, 2012.

Smithsonian Institution, *The Smithsonian Institution, 1846-1896: The History of its First Half Century*, Arkose Press, 2015.

Walker, William, *A Living Exhibition: The Smithsonian and the Transformation of the Universal Museum*, University of Massachusetts Press, 2013.

결단의 힘   루브르 미술관의 설립

Beaux Arts Magazine, *The Grand Louvre and the Pyramid*, 1989.

Bezombes, Dominique, *The Grand Louvre: History of a Project*, Le Moniteur, 1994.

Bresc-Bautier, Geneviève, *The Louvre: A Tale of a Palace*, Somogy Art Publishers, 2008.

DeJean, Joan, *How Paris Became Paris: The Invention of the Modern City*, Bloomsbury USA, 2015.

Jodidio, P., *I. M. Pei, The Louvre Pyramid*, Prestel, 2009.

Kirkland, Stephane, *Paris Reborn: Napoléon III, Baron Haussmann, and the Quest to Build a Modern City*, St. Martin's Griffin, 2013.

Lockhart, John Gibson, *The History of Napoleon Bonaparte*, Create Space, 2015.

McClellan, Andrew, *Inventing the Louvre: Art, Politics, and the Origins of the Modern Museum in Eighteenth-Century Paris*, University of California Press, 1999.

Schom, Alan, *Napoleon Bonaparte: A Life*, Harper Perennial, 1998.

애호의 힘   고궁박물원의 초석

"대만으로 간 중국 보물", 「중앙일보」, 2010. 7. 21.

제3의 눈 보스턴 미술관의 뿌리

Morse, Anne, *Arts of Japan: MFA Highlights*, MFA Publications, 2008.

Shallcross, Gillian, *The MFA Handbook: A Guide to the Collections of the Museum of Fine Arts, Boston*, MFA Publications, 2009.

Whitehill, Walter Muir, *Museum of Fine Arts, Boston: A Centennial History*, Belknap Press, 1970.

열정의 결과 뉴욕 근대미술관의 탄생

Barr, Alfred H. Jr., *Alfred H. Barr, Jr., A Memorial Tribute*, Museum Of Modern Art, 1981.

Chernow, Ron, *Titan: The Life of John D. Rockefeller, Sir*, Vintage, 2004.

Hunter, Sam and The Museum of Modern Art, New York, *The Museum of Modern Art, New York: The History and the Collection*, Harry N. Abrams, 1995.

Kantor, Sybil Gordon, *Alfred H. Barr, Jr. and the Intellectual Origins of the Museum of Modern Art*, The MIT Press, 2001.

Kert, Bernice, *Abby Aldrich Rockefeller: The Woman in the Family*, Random House, 1993.

Perlman, Bennard B., *The Lives, Loves and Art of Arthur B. Davies*, State University of New York Press, 1999.

혁신적 사고 기차역을 뮈제 도르세로

Bonfante-Warren, Alexandra, *Musee D'Orsay*, Hugh Lauter Levin Associates, 2000.

Gärtner, Peter, *Art & Architecture: Musée D'Orsay*, h. f. ullmann publishing, 2014.

Nave, Alain, *Musée d'Orsay: History, Architecture, Collections*, Barnes & Noble Books, 2000.

제4부 예술과 앙트러프러너십

리더십 무용론

Cooper, Cary, 'Management Style and Leadership', in *Leadership and Management in the 21st Century: Business Challenges of the Future*, Oxford University Press, 2005.

Rost, Joseph C., *Leadership for the Twenty-first Century*, Praeger, 1991.

Rost, Joseph C., 'Leadership and Management', in Gill Robinson Hickman ed., *Leading Organisations: Perspectives for a New Era*, Sage Publications, 1998.

Tubbs, S. and Schultz, E., 'Leadership Competencies: Can They Be Learned?', *International Journal of Education Management*, 5, vol.21, 2007.

Yukl, Gary, *Leadership in Organisations*, 7th edn., Pearson Education, 2009.

—

—

예술과 앙트러프러너십

펴낸날	초판 1쇄 2016년 10월 30일

지은이	조명계
펴낸이	심만수
펴낸곳	(주)살림출판사
출판등록	1989년 11월 1일 제9-210호

주소	경기도 파주시 광인사길 30
전화	031-955-1350 팩스 031-624-1356
홈페이지	http://www.sallimbooks.com
이메일	book@sallimbooks.com

ISBN	978-89-522-3523-7 04080
	978-89-522-0096-9 04080 (세트)

※ 값은 뒤표지에 있습니다.
※ 잘못 만들어진 책은 구입하신 서점에서 바꾸어 드립니다.

이 도서의 국립중앙도서관 출판시도서목록(CIP)은 서지정보유통지원시스템 홈페이지
(http://seoji.nl.go.kr)와 국가자료공동목록시스템(http://www.nl.go.kr/kolisnet)에서
이용하실 수 있습니다.(CIP제어번호: CIP2016024157)

책임편집·교정교열 성한경

122 모든 것을 고객중심으로 바꿔라 `eBook`

안상헌(국민연금관리공단 CS Leader)

고객중심의 서비스전략을 일상의 모든 부분에 적용해야 한다는 가르침을 주는 책. 나 이외의 모든 사람을 고객으로 보고 서비스가 살아야 우리도 산다는 평범한 진리의 힘을 느끼게 해 준다. 피뢰침의 원칙, 책임공감의 원칙, 감정통제의 원칙, 언어절제의 원칙, 역지사지의 원칙이 사람을 상대하는 5가지 기본 원칙으로 제시된다.

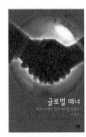

233 글로벌 매너

박한표(대전와인아카데미 원장)

매너는 에티켓과는 다르다. 에티켓이 인간관계를 원활하게 해주는 사회적 불문율로서의 규칙이라면, 매너는 일상생활 속에 에티켓을 적용하는 방식을 말한다. 삶을 잘 사는 방법인 매너의 의미를 설명하고, 글로벌 시대에 우리가 기본적으로 갖추어야 할 국제매너를 구체적으로 소개한 책. 삶의 예술이자 경쟁력인 매너의 핵심 내용을 소개한다.

350 스티브 잡스 `eBook`

김상훈(동아일보 기자)

스티브 잡스는 시기심과 자기과시, 성공에의 욕망으로 똘똘 뭉친 불완전한 사람이었다. 하지만 동시에 강철 같은 의지로 자신의 불완전함을 극복하고 사회에 가치 있는 일을 하고자 노력했던 위대한 정신의 소유자이기도 하다. 이 책은 스티브 잡스의 삶을 통해 불완전한 우리 자신에 내재된 위대한 본성을 찾아내고자 한다.

352 워렌 버핏 `eBook`

이민주(한국투자연구소 버핏연구소 소장)

'오마하의 현인'이라고 불리는 워렌 버핏. 그는 일찌감치 자신의 투자 기준을 마련한 후, 금융 일번지 월스트리트가 아닌 자신의 고향 오마하로 와서 본격적인 투자사업을 시작한다. 그의 성공은 성공하는 투자의 출발점은 결국 자기 자신이라는 점을 보여 준다. 워렌 버핏의 삶을 통해 세계 최고의 부자는 어떻게 만들어지는가를 살펴보자.

145 패션과 명품

eBook

이재진(패션 칼럼니스트)

패션 산업과 명품에 대한 이해를 돕는 책. 샤넬, 크리스찬 디올, 아르마니, 베르사체, 버버리, 휴고보스 등 브랜드의 탄생 배경과 명품으로 불리는 까닭을 알려 준다. 이 밖에도 이 책은 사람들이 명품을 찾는 심리는 무엇인지, 유명 브랜드들이 어떤 컨셉과 마케팅 전략을 취하는지 등을 살펴본다.

434 치즈 이야기

eBook

박승용(천안연암대 축산계열 교수)

우리 식문화 속에 다채롭게 자리 잡고 있는 치즈를 여러 각도에서 살펴 본 작은 '치즈 사전'이다. 치즈를 고르고 먹는 데 필요한 아기자기한 상식에서부터 나라별 대표 치즈 소개, 치즈에 대한 오해와 진실, 와인에 어울리는 치즈 선별법까지, 치즈를 이해하는 데 필요한 지식과 정보가 골고루 녹아들었다.

435 면 이야기

eBook

김한송(요리사)

면(국수)은 세계 각국으로 퍼져 나가면서 제각기 다른 형태로 조리법이 바뀌고 각 지역 특유의 색깔이 결합하면서 독특한 문화 형태로 발전했다. 칼국수를 사랑한 대통령에서부터 파스타의 기하학까지, 크고 작은 에피소드에 귀 기울이는 동안 독자들은 면의 또 다른 매력을 발견할 수 있을 것이다.

436 막걸리 이야기

eBook

정은숙(기행작가)

우리 땅 곳곳의 유명 막걸리 양조장과 대폿집을 순례하며 그곳의 풍경과 냄새, 무엇보다 막걸리를 만들고 내오는 이들의 정(情)을 담아내기 위해 애쓴 흔적이 역력하다. 효모 연구가의 단단한 손끝에서 만들어지는 막걸리에서부터 대통령이 애호했던 막걸리, 지역 토박이 부부가 휘휘 저어 건네는 순박한 막걸리까지, 또 여기에 막걸리 제조법과 변천사, 대폿집의 역사까지 아우르고 있다.

253 프랑스 미식 기행

eBook

심순철(식품영양학과 강사)

프랑스의 각 지방 음식을 소개하면서 거기에 얽힌 역사적인 사실과 문화적인 배경을 재미있게 소개하고 있다. 누가 읽어도 프랑스 음식문화에 대해 어느 정도 이해할 수 있도록 복잡하지 않게, 이야기하듯 쓰인 것이 장점이다. 프랑스로 미식 여행을 떠나고자 하는 이에게 맛과 멋과 향이 어우러진 프랑스의 역사와 문화를 소개하는 책.

132 색의 유혹 색채심리와 컬러 마케팅

eBook

오수연(한국마케팅연구원 연구원)

색이 인간에게 미치는 영향과 이를 이용한 컬러 마케팅이 어떤 기법으로 발전했는가를 보여 준다. 색은 생리적 또는 심리적 면에서 사람들에게 많은 영향을 미친다. 컬러가 제품을 파는 시대'의 마케팅에서 주로 사용되는 6가지 대표색을 중심으로 컬러의 트렌드를 읽어 색이 가지는 이미지의 변화를 소개한다.

447 브랜드를 알면 자동차가 보인다

김홍식('오토헤럴드」 편집장)

세계의 자동차 브랜드가 그 가치를 지니기까지의 역사, 그리고 이를 위해 땀 흘린 장인들에 관한 이야기. 무명의 자동차 레이서가 세계 최고의 자동차 브랜드를 일궈내고, 어머니를 향한 아들의 효심이 최강의 경쟁력을 자랑하는 자동차 브랜드로 이어지기까지의 짧지 않은 역사가 우리 눈에 익숙한 엠블럼과 함께 명쾌하게 정리됐다.

449 알고 쓰는 화장품

eBook

구희연(3020안티에이징연구소 이사)

화장품을 고르는 당신의 기준은 무엇인가? 우리는 음식을 고르듯 화장품 선택에 꼼꼼한 편인가? 이 책은 화장품 성분을 파악하는 법부터 화장품의 궁합까지 단순한 화장품 선별 가이드로써의 역할이 아니라 궁극적으로 당신의 '아름답고 건강한 피부'를 만들기 위한 지침서다.

eBook 표시가 되어있는 도서는 전자책으로 구매가 가능합니다.

㈜살림출판사

www.sallimbooks.com

주소 경기도 파주시 문발동 522-1 | 전화 031-955-1350 | 팩스 031-955-1355